滾滾江河弄潮人

石麗東 著

推薦序

以史筆寫海外風流人物

須文蔚（國立臺灣師範大學文學院院長）

有緣結識石麗東老師是在二〇一八年海外華文女作家協會雙年會，在那場由台灣師範大學、東華大學與國家圖書館合辦的「全球華文作家論壇」中，石麗東現身說法，與台灣學者，出版社總編輯同台討論海外華文文學的編輯出版，以及第二故鄉寫作的經歷，可惜論壇時間有限，無法盡窺她豐富的經驗。

石麗東居住美國休士頓近半世紀，她畢業於高雄女中，並在政大新聞研究所取得碩士學位，是我的大學姐。有著豐富編輯、翻譯與採訪的實務經驗，她曾任職於中央通訊社與休士頓郵報資料部，並曾擔任中央日報的特約撰述，北美華文作協美南分會的首任會長，以及海外華文女作家協會第十一屆會長。從新聞工作到文學，她擅長書寫報導文學與人物特寫，所著《愛跳舞的大文豪》、《成功立業在美國》、《誰與爭鋒：美國華人傑出人物》、

《行者無疆》等，都以書寫生命故事為特色。其中二〇〇四年更以《行者無疆》為主題，榮獲華僑文教基金會「華文著述獎」新聞類第一名，也曾獲全球華文文學星雲獎報導文學類第三名，以及二〇一七年僑聯總會的「華文著述獎」新聞類第一名，可見其寫作備受各界肯定。

綜觀石麗東近年來書寫，側重在海外華人故事，頗有以史筆彌補歷史遺漏與偏差的重大意義。歷來美華文學的研究中，發現華人從淘金與修築鐵路開始，為美國的基礎建設、工業、商業與近代文明貢獻頗多，但美國歷史與文學始終不記錄華人的貢獻，書寫精彩人物，自然有追回記憶，呈現更全面的歷史面貌。

作為報導者，石麗東在美南地區目睹並見證了許多華裔精英，無論在科研、商界或是藝術文化的耀眼成就。尤其美國在二十世紀後葉的強盛，很大程度歸功於科技發展，如何突出華人菁英的表現，記述傑出成果，自然也能呈現華人移民的真實生活與貢獻。如同石麗東記述李安所言：「我覺得如果世間有所謂的最終價值，那麼經過時空的篩選，逐漸就會有一些價值沈澱出來……至於有多少真金，就看滅火之後的灰燼中留下的是什麼了。」石麗東的新作《滾滾江河弄潮人》正是在砂礫中淘金，有其珍貴的價值。

《滾滾江河弄潮人》一書從一九九〇年代中葉起筆，從書寫程雙玲和喜玲兩姊妹的〈同氣連根各自榮〉開始，到最近二〇二四年的〈融合中西美食的餐館大亨魏明光〉一文，以三十年的跨度，側寫白先勇、張純如、李安、哈金、查建英、鹿橋、趙小蘭等人，展現出作者的毅力與堅持，本書也更因為穿過時光長河，更有其時代意義。

對台灣讀者而言，書中人物有些聽來陌生，但細讀故事，又都與台灣有著千絲萬縷的關連，以魏明光先生事業成功後，捐款給母校政大的故事，就是最好的例證。魏明光畢業於政大新聞系，於上世紀一九七〇年代赴美留學，在打工籌措學費期間與餐飲業結緣，並對美食產生了濃厚興趣。一九七〇年代後期，他在美國費城接連經營六家風格不同的餐館。二〇一一年初，魏明光被北美的中餐通訊雜誌"Chinese Restaurant News"評選為「全美百佳首選中餐廳」，並帶領團隊到紐約著名餐館展示廚藝，提高中餐館的形象，將中華美食推向國際舞台。魏明光於二〇二三年退休之際，將一生辛苦打拼積攢的千萬美元捐贈給母校政治大學傳播學院，以回饋台灣。他當年求學主修「新聞傳播」，就讀期間曾獲無數獎學金，得以順利完成學業，心存感激，因此效法先賢回饋社稷。他希望通過捐款設立「新聞傳播講座」、「傑出新聞獎」等，鼓勵媒體業界及後進者，提升媒體素質，匡正社會風氣，如此充滿熱血的人物故事，正是台灣英雄與典範。

《滾滾江河弄潮人》一書講述人物正面的奮鬥歷程，也充滿批判觀點。其中涉及華裔學童成長的問題，點出華裔學童在美國學校就讀時，總會面對融入學校和交新朋友的困難，最終也構成了華裔學童與父母的衝突隱因。進一步分析華人何以幫派份子橫行，因為許多幫派份子來自中國大陸，不諳英文，因為求學求職無門，以致淪落街頭而供「老大」驅使，她採李瑞芳教授時得到重要的觀察，如果年輕人不事生產、沒人監督、或不受教育而任其流離失所，就會被機會主義者所乘，讓年輕人受到不義之財的誘惑和操縱。

石麗東隔海觀察，也有其特別清明之處。例如訪問白先勇時，就批評台灣當局在一九八〇年代演出《遊園驚夢》時，當局對舞台劇的審核尺寸相當嚴，不利於文藝的發展。而面對當前華人文化的發展，白先勇強調，如今中國人在經濟方面已經站穩起來，下一步是如何振興文化，首先在教育制度方面毛病就很多，譬如在中小學，構成中國重要傳統的山水畫不教，都去學西畫，自己的戲劇不學，而去學西洋劇。如何喚起青年人重視傳統文化？從文藝之美入手？似乎是不二的法門。

好的人物特寫，要能展現史詩般的壯麗，石麗東書寫文藝界的風流人物，著重時代背景與文化現場，將人物置於其所處的時代背景與文化環境中。例如，她記述每一位藝術家、思想家與文學家的故事，便會提及當時的文化現場，包括華人社區、文藝環境與傳播環境等，透過豐富的資料，發掘人物的獨特性與貢獻，更期待從人物故事中，傳達各領域的深奧、艱難，以及成功者的人生哲學。她希望能透過這些故事，激勵讀者「見賢思齊」，學習成功者的精神與特質。

《滾滾江河弄潮人》一書中，石麗東努力發掘人物背後的情感與人性，她不僅關注人物的成就，也關注人物背後的所思、所感與所悟。例如，她採訪美學大師李澤厚，並從其家居生活與家庭關係中，發現其有情世界。同樣在與鹿橋對話時，也展現出他純真的個性，以及堅持正體字的美學態度，都讓人難忘。

《滾滾江河弄潮人》從個人故事反映歷史脈絡，這本書不僅是個人傳記，也反映了文化史的變遷，尤其作者秉持著記錄歷史的使命感，致力於書寫海外華人的故事，不容青史盡成灰，為後人留下珍貴的歷史記錄。海外華人生活艱辛，流離在故土之外，但誠如哈金所說：「每一個大的損失（譬如有家歸不得）都會成為另一個機遇，都能創造出新的寫作空間。」石麗東確實從第二故鄉的人物特寫中，開創了一個新的、迷人的文字空間，讓讀者沈吟再三。

推薦序

巨石的身影

沈珮君（作家）

第一次見麗東姊，是在二〇一八年英國的巨石陣中。她小小的個子，步伐俐落，獨立堅毅，我主動攀談，知道她正在寫一些在美的傑出華人故事。

那時，我剛自媒體退休，充滿迷茫，放眼環繞我們的巨石陣，不了解它們從何而來，不知道我應從何開始。步行其中，我羨慕可以信步而行的人，而自己卻連讚嘆都找不到適當的文字，只知天地之大「神」不可測，自己渺小。

後來才知道麗東姊曾為海外華文女作家協會會長，常給中央日報海外版、美國世界日報寫稿。她總自稱是家庭主婦，因為她不願錯過孩子可貴的成長期，並配合在NASA工作的先生，她不能綁在有固定工時的崗位。

她是政大新聞研究所畢業，看她的書稿，我不禁肅然起敬——太久沒在媒體上看到這麼嚴謹、節制的文字了。我在她的文字中，看到自己早期進入媒體時，受到的嚴格「古典訓練」，她自筆下從容流溢，可見已深入其髓。這些已是現在媒體不那麼在意的，而我們在意。

麗東姊旅居美國，她熱愛採訪，把握各種機會訪談，甚至自費飛到受訪者居住地，敬謹記錄傑出華人身影。她不否認帶著自己的框架來選材，她的可貴也正因她自覺的有框架。

人人都有框架。她來自台灣，所以她在採寫時，往往都可以讓人看到背後若隱若現的台灣。她以這樣的框架視角，採擷到的正可以給我們生長在台灣的人學習、理解、回味，而她的作品引起共鳴之處也在此。

她在闡述李安獲得奧斯卡獎《臥虎藏龍》的創作理念時，花了很大篇幅記錄李安說自己深受《梁山伯祝英台》老電影的影響，梁祝是在台灣那個年代的集體記憶，也正是李安導演《臥虎藏龍》的創作框架。框架不是限制，而是光光相照，彼此迴向，意在言外，更增豐厚。

麗東姊的框架何僅台灣，更包括了大陸。她好幾篇人物故事的情節像電影一般，讀後令人感慨萬端，譬如那對大陸雙胞胎姊妹雙玲、喜玲的成長故事，麗東姊不著一字，卻帶出一整個大時代複雜的情緒。人在所謂「時代的巨輪」中，或被輾壓，或起身迎戰，有人力可為者，也有不可為者，這對雙胞胎姊妹都盡了自己的最大可能，她們不是實驗室的白鼠，她們都是活跳跳的生命，與我們一樣，都只有一生，但人沒辦法選擇自己的家庭和時代，可敬的是在不同的客觀條件限制之下，她們各自找到自己的最大空間。

麗東姊寫的不僅是人物，而是那個時代。我們透過那些人物故事，看到中國大陸文革時期的苦難，及美國的種族歧視。那些時代已遠去，但完全遠去了嗎？

不為時代限制的人，特別令人印象深刻，譬如，在重男輕女的環境下長大的李瑞芳，以強大的意志力掙脫傳統家庭的性別束縛，不僅自力上大學、研究所，她的人生、學術都專注在教育與公平、正義。她不僅致力將美國華人引入美國主流社會，也是亞裔的民權鬥士。她自紐約大學教職已退休四年，還帶頭抗議對亞裔的種族歧視，讓那位由法拉盛選出的市議員，不得不為自己謾罵亞裔「強盜」、「入侵」美國而道歉。

她還從父親老家廣東台山鄉親發現一八六〇年代那群被壓逼在美國底層如奴隸的鐵道華工歷史。太平洋鐵路橫貫美國東西兩岸，帶動美國經濟成長功勞甚大，工程艱巨，一般人吃不了這種苦，而華人可以。一千多公里的鐵路，有九成以上是一萬四千名華工參與之後才終於完成的，這些人忍受極低廉的薪水、極惡劣的環境，甚至在異鄉付出性命。華人的命不是命？到底有多少華人犧牲，沒有紀錄。他們擔負艱危的西部鐵路建設，東部則是愛爾蘭人裔負責，東西鐵路貫通相會時，慶功照片沒有一張華人的臉孔。他們畢生奉獻的地方，歷史竟讓他們沒有面目。

如果不是李瑞芳這樣的學者像剝洋蔥一樣，一層層剝到核心，令人流淚，華人在美國歷史的這頁斑斑血汗就翻篇了。

芭蕾王子李存信更是充滿傳奇的勵志故事。一個貧農之子，只因身材、面容合乎標準，並在極端的拉筋測試時忍住劇烈的疼苦說「不痛」，而被政府選入芭蕾舞團受訓。他知道自己不應該像父兄終其一生只是一隻跳不出的井底之蛙，他自我嚴酷的訓練舞技，成為班上的「尖子」，得到在老布希夫人面前表演的機會，深獲賞識，他受邀赴美，第一次看到中共口中「敵人」的世界，大開眼界，而且「敵人」對他慷慨、友善。後來他在另一次赴美表演的機會下，獲得美國恩師、友人、新婚妻子幫助，「投奔自由」，留在美國，他再自力學得一口古典的英國腔，因為他認為英國腔更適合與人交流古典芭蕾。

更戲劇性的是，這個在中國大陸養成的芭蕾舞星，在資本主義社會中，學會了股市、房市的遊戲規則，一度進入金融市場，表現優異。但最後仍然選擇回歸自己的最愛，在澳洲帶領芭蕾舞團。

從一個住在鄉親連樹皮都吃不到的窮村之子，到世界知名的芭蕾舞星、擁有十棟房子的富豪，像戲，不是戲，每個環節都充滿震撼。他掌握了每一個天賜良機，也讓人不禁省思，如果給予機會，貧村還有多少孩子可能是尖子、可以站上世界舞台？

麗東姊因為旅居美國，所以她採訪到的幾乎都是世界級的傑出華人，她以自己的慧心及大中國的框架，替他們寫下一般西方記者未必能掌握的角度，而那是那些傑出華人成長中非常重要的靈魂脈胳。

我在二〇二四年七月出版《出鄉・故鄉》（聯經），我以退休後的六年時間，採寫記錄自中國大陸避居台灣的所謂「外省人」，如何竭盡所能，把自己變成一道光，並把戰後如廢墟的台灣，變成世界一道光，寫的是人，更是一個時代的血淚紀錄。不忍青史盡成灰。

這些人懷念故鄉，但長期分離之後，故鄉儼若他鄉，而自己長年盡心盡力的他鄉已是故鄉，只是有時這個新故鄉依然把自己當異鄉人，而故鄉也會在猝不及防時依依入夢。

麗東姊寫的正是美國版華人的《他鄉・故鄉》，她筆下的每一個人幾乎都把自己活成歷史的一道光，有些人至今回不了故鄉。但是，他們像巨石一樣的存在，僅僅只需要立著，即已啟示了每一個中國人。

二〇二五年初春

目次

唐人街的暮鼓晨鐘

宋李瑞芳博士（Dr. Betty Lee Sung），出生於一九二四年的美國馬利蘭州巴爾提摩市，是一位作家、亞美研究學者和民權鬥士，她對紐約亞華族裔所做的社會調查及八本著作，成為提高美國亞裔權益的重要先導力量。一九九六年李瑞芳獲紐約大學（Old Westbury）榮譽博士學位，二〇一六年，紐約時報記者茱莉・塞爾弗（Julie Scelfo）出版《打造紐約的女先鋒》（*The Women Who Made New York*）一書，其中記述了李瑞芳的生平事蹟，二〇一七年春，獲亞裔研究協會的終身成就獎。本篇李瑞芳教授的故事最能代表遷徙北美洲的華人，一本勤奮務實的中國祖訓，進而結合美國拓荒創新的精神，締造了無數炎黃子孫漂洋過海、成功立業的故事。

爭取華人民權

一九九六年三月三十一日，紐約時報頭版的一則新聞報導：法拉盛（Flushing）區選出的女市議員茱麗哈蕾森不止一次攻擊該區的亞洲人是「偷渡客、亞洲強盜、粗魯商人、和壓低美國工資的非法移民」。隨後又指責：亞裔移民是「入侵」美國，而非有心「融入」地主國的社會。依常理，身為民意代表，應盡力設法促進轄區內各族裔之間的瞭解與合作，而非挑起戰火，製造爭端。

當時已從紐約市立大學退休四年的李瑞芳教授，聽到女議員對亞裔的謾罵之詞，感到非常氣憤，除了接受紐約時報的訪問，加以反駁，同時她以亞美高等教育協會副會長的名義向數十位市議員寄出一封義正詞嚴的抗議函，同時聯絡其他社團準備發動抗議行動。經過社區熱心人士的奔走，結果四月二日有兩、三千人之眾的華裔及韓裔聚集市府前廣場，舉行抗議大會，當時她擔任大會司儀，紐約副市長、財政局長、及多位市議員先後上臺讚揚亞裔的努力和成就，抗議人群之中出現了時任紐約州長的派塔基（George Pataki）和市長朱利安尼（Rudy Giuliani），當這場集會結束一小時後，女議員哈蕾森便在市政府宣讀一份公開的道歉信，作為民權鬥士的李瑞芳教授，再次替華人同胞討回了公道。

同年（一九九六）五月，李瑞芳獲紐約大學（Old Westbury）榮譽文學博士學位，頒贈學位的當局推崇她是：「研究美國華裔的權威，在此領域具有拓荒性的貢獻。」同年她被 Avenue 雜誌列為五百位知名而又具有影響力的亞裔人士，平日除了寫作教學，她經常應邀到全美華裔集會上發表演講，必要時前往國會舉辦的公聽會作證、替華人爭取福利，面對如此一位民權先鋒鬥士，請教她一生最大的動力來源是什麼？她說：「是從小受到中華文化的薰陶，以及在美出生所受民主平權意識的啟發，恰巧生也逢時，坐上二十世紀戲院裡第一排的好位置，得以目睹國際大事，一路努力消除路障，我的研究和我的著作，使我成為美國亞美研究的先行者。」

雙文化的薰陶

我們若再對照李瑞芳教授的人生道路，一路波濤起伏，每遇阻難，皆腳踏實地，努力以赴。譬如她高中畢業之前想升大學的計畫，遭遇父親的強烈反對，她的對策是積極申請學校，先以優越的學業成績獲得大學的全額獎學金，四年之間靠課餘打工賺取生活費用。就業之後，再從平日教學之中找出研究和著述的題材，自始至終以炎黃子孫著重實踐的圭臬，在西方社會貫徹了亞裔研究和民權鬥士的貢獻。

李瑞芳教授的尊翁李老先生在二十世紀之初，即西元一九〇九年，自廣東臺山縣出發，前往北美洲打天下。當時距離一八八四年加州掀起的淘金熱已逾二十載，雖然尋寶的餘溫漸涼，但相對戰亂頻仍的中國大陸，北美洲仍是一塊充滿機會的福地。

戰亂頻仍的中國，自明末清初之際，採行閉關自守的政策，鮮與異邦來往，朝廷漸趨夜郎自大，以致商貿競爭力日衰，社會逐步腐敗。而十九世紀的西歐各國則經過文藝復興和工業革命，累積了向海外拓展的資本，進入飛速發展的帝國主義擴張期。原本各自孤立，都有過輝煌歷史的東西方開始有了交集和碰撞，西歐列強紛紛使用船堅利礮打開中國、日本及印度的門戶，於此期間西歐列強雖然相互產生衝突和掠奪，但逐漸將亞洲、拉丁美洲和非洲逐步納入資本主義的體系，使之成為殖民地或商品市場，導致全球成為一個較前聯繫密切的整體。

在這波「全球化」巨浪的沖擊之下，十九世紀中葉以後，中國面對西方列強的入侵與瓜分，就在清朝滅亡的前兩年（一九〇九），李瑞芳的父親從廣東臺山縣漂洋過海到美國討生活。一九二四年李瑞芳在美國東海岸的馬利蘭州出生，一九三三年李父因為美國經濟蕭條，舉家遷回廣東臺山家鄉，讓李瑞芳在中國接受四年的基礎教育，使她受到雙語浸潤和兩種文化的薰陶。回顧中國近代華人向美洲移民，始於十九世紀中葉之後，而第一本書寫中國移民美國的歷史，卻是在一世紀後的一九六七年完成於李瑞芳之手，隨之躍登紐約時報的暢銷榜。

二〇一六年，紐約時報的一位女記者茱莉・塞爾弗（Julie Scelfo）出版《打造紐約的女性》（*The Women Who Made New York*）一書，在她書寫的百餘位不同族裔的女先鋒當中，包括了李瑞芳的故事，強調她的拓荒之作《金山》（*Mountain of Gold*）是亞美研究的先鋒，由於李瑞芳的敘述和宣揚，而使得國際通都大邑「紐約市」更為明瞭東方習俗、華人的勤勞，以及他們所開設的餐館等，倘若借用時尚詞語表述，李瑞芳可說是華人在紐約的首位公關代表和遊說達人。李老先生最初抵達美國西海岸之後，繼續往東行，他決定在美國首府華盛頓落腳，開始經營一家洗衣店，一九二一年，他把婚後留在家鄉的妻子接來美國一同打拼，十年之間養育兩女三男，李瑞芳排行老三，最小的男孩在回到中國後的第四年夭折，母親羸弱的身體經不起喪子的打擊，數月後病逝。

回憶第一個家

李瑞芳記憶中的第一個家，位於華府的賓州大道，距離白宮只有四哩之遙，她還記得和姐弟在國會大廈前的階梯跳上跳下耍玩，但從來沒想到要走進巍峨的殿堂瞧瞧，顯而易見，當時不似今日世界出現維安問題。

李家的這棟房子，上層住家，樓下經營洗衣店，家具清簡，但衣食無虞，無論大人小孩冬天都有一件厚大衣禦寒；除了物質條件之外，屋簷之下從家務分擔到食物分配，都沿襲中國「男尊女卑」的傳統，譬如母親燒了魚，就把它分成兩份，一盤有頭有尾的女孩吃，另一盤肉多的男生吃。李瑞芳說：「我從小就不是聽話的乖寶寶，總是想從肉多的那一盤取食，爭取公平待遇」，此乃天性使然，母親立刻劍及履及用筷子敲瑞芳的頭，幾乎無一日不敲，想來這種桀驁不馴的個性，也就是她日後成為民權鬥士的源頭。

瑞芳的姐姐 Rose 比她大三歲，兩人性情迥異，但相處融洽，妹妹從來不接受母親所說女孩子應該三從（從父母、從丈夫和從兒子）四德的教訓，因為不認命，所以瑞芳自小好發問、又愛爭辯，姐姐 Rose 總是做和事佬，長姐的身材雖然嬌小，卻能讓弟妹手足都聽命於她。

升格「金山客」

一九三四年，李家經營洗衣店的生計受到美國經濟蕭條的影響，李父決定舉家遷回廣東，由於當時美國的錢比較值錢，返鄉之後，父親蓋了一棟三層樓的住屋，他們一家也從美國回鄉的「洗衣工人」升格為「金山客」，父親給多病的母親僱傭幫忙，省去鎮日操持家務的辛勞，小孩一一註冊上學，當地男女分校，課程排得很緊湊，四年級就上代數，李瑞芳在這四年當中學習了中文，父親在家鄉盤桓數月，又決定帶著次子 Joe 返美繼續開洗衣店。

一九三七年，日本發動侵華戰爭，炮火自華中推向華南地區的廣東臺山，次年日本加強空襲，當人人憂慮時局變壞之際，李家不幸發生一件喪子的悲劇，肇因李母用野生動物配加中藥烹煮了一鍋湯，給兩個男孩進補，女孩依例無份，瑞芳七歲的弟弟吃了以後立即病倒，不久身亡。姐姐說小弟死於肺炎，依瑞芳的觀察，小弟連病也沒生，就是喝了湯以後，身體才感覺不適。由於幼弟病歿，使得母親原來身心俱弱的病情，益加惡化。

同年暑假，李家為躲避日軍的空襲，母親安排長女留在身邊照顧自己，把瑞芳送到鄉下阿嬸家暫住，這是一段難忘的生活經驗，她跟著嬸娘像數百年前的人一樣，上山檢乾樹枝，或割草拿回家當柴燒，或到田裡收成花生和甘薯。吃飯的時候，她把碗裡的白飯和鄉人換甘薯，因為莊稼人喜歡吃白米飯，大家都樂意和她交易。Betty 發現鄉下住的都是老人、婦女和小孩，至於青壯男子都出洋掙錢去了。

暑假結束後她返回台山城裡上學，日本的轟炸較前更為兇猛，姐姐一聽飛機來了就趕緊躲到床底下，最初哥哥 Milton 還能騎上腳踏車去檢拾轟炸後的碎片做紀念品，不久也和姐姐一樣嚇得不知所措。

李母一向體弱多病，自幼弟病歿，傷痛愈恆，數月後便相繼去世，有幾位鄉下的長輩進城來家幫忙，但是從母親過世、到李家三個手足重返美國的重要決定，都令出姐姐，由她當家做主。

一九三八年五月，日本軍隊決定加強華南地區的攻勢，除了先頭的轟炸機，還派遣水上砲艇，四周的鄉人紛紛計劃逃亡，姐姐宣佈「我們應該回美國」，但是 Betty 和 Milton 不想和朋友同學分離，表示反對，姐姐 Rose 堅持要走。

Rose 打開了存放護照的保險箱，將其中的金幣和銀幣縫進三個人的枕頭，接著購買前往廣州和香港的火車票。待抵達廣州以後，發現到處都被日機炸得傷痕纍纍，無地安身，三兄妹跑到美國領事館求助，由於晚上不辦公，只有倚著門牆而立，默禱日軍不要再轟炸美國領事館，第二日天亮他們搭船沿著珠江，抵達香港，找到購買船票的代理商，取得三張三等艙的船票，搭乘英國輪船公司的「亞洲皇后號」返美。

重返美國家園

經過十九天橫渡太平洋的航程，三人抵達美國西岸華盛頓州的西雅圖市，下船以後瑞芳仍舊覺得天旋地轉，更讓她吃驚的是，當海關人員對她講英文的時候，她發現自己害了失語症，竟把在華府小學唸的英文忘了大半。一九三八年七月四號，當三個姐弟出現在華府賓州大道舊居的時候，讓開門的父親大吃一驚。

回顧前塵往事，李瑞芳總是歸功她姐姐帶領弟妹返美的明智決定。三兄妹歷盡千辛萬苦、返美之後，由於母親過世，兩個女孩分擔家務不在話下，十三歲的瑞芳 Betty 進入一所初級中學就讀，每日放學後還住到嬸娘家幫忙照顧三個幼兒（分別是五、六、七歲），工作十分辛苦，但是她覺得比起在廣東臺山躲轟炸的日子，來得安定、正常。Betty 還當選她那一年級學生會的主席，尤其是在社區中國教會遇到的主日學老師巴博小姐（Miss Gertrude Barber），帶她購物、看電影或生病看醫生，引領她和姐姐 Rose 重拾因離開美國四年、而生疏的社會習俗，Miss Barber 有如母親般地仁慈溫厚。

一九四一年日本偷襲珍珠港，在美的華人都十分高興，因為美國參戰，可以加速日本的敗亡。次年，美國政府徵召能閱讀中文的翻譯人才，由於陸軍繪製地圖的部門需求孔急，徵調 Betty 每日下午及週六前往國會圖書館的頂層，使用她雙語的特長，每天進行四小時的翻譯工作。

中美雙語特長

Betty 的工作是把地圖上的中國名稱譯成英文，除了地名還有橋樑、山嶽、湖泊或村莊的名字，如果美國陸軍人員要進入某個中國地區，必須事先儘其可能瞭解全面情況，想當然地圖是接觸自然環境和山川河流的一把鑰匙，當時投入陸軍地圖部門工作的有來自社會各界及教育界的老師或校長，Betty 是最年輕的一位女性，那年她才十七歲。在工作當中她學到了許多有關中國的人文知識，每遇生字，必須查字典，她的中文程度也因此升了級。

這份工作不僅讓 Betty 盡到公民責任，提高中文程度，同時也開闊她的視野，工作過程當中結識了一位中美混血的女子，對於瑞芳以後想升大學的計畫多有幫助。她名叫 Cecile Franking，曾在密西根大學就讀，Cecile 熱心指導瑞芳如何申請入學並爭取獎學金。

李瑞芳收到四個大學的入學通知，其中伊利諾大學（University of Illinois）供給四年全額獎學金，她在華府地區也得到兩個大學的入學許可，但是她知道在父親的監督下，沒法好好專心唸書，果然當她告訴父親「自己的升學計畫」之後，遭遇強烈反對，父親說已經給她安排了兩個結婚的可能人選，一個在紐約豆腐皮工廠做事，另一位是家裡開餐館的少東。父親大吼「女孩子上什麼大學？高中畢業以後就應該嫁人生孩子」，據父親所言，華府的中國人沒有去唸大學的，「如果不聽我的話，妳就不是我的女兒，就別再想從我這拿到一分錢。」

離家奔往伊大

瑞芳毅然離家出走，跑到伊大求學，最初兩年她每個禮拜都用中文寫家信報平安，從無回音，直到兩年後，她告訴父親「將受邀到日本女同學家過感恩節」，父親不能忍受女兒在「敵人」家裡過節，這才叫她趕快回家。多年以後她從兄弟口中才知道，父親對女兒能上大學感到十分驕傲，他甚至想讓華府整條唐人街都曉得這件事。

美國大學雖然是高等教育的殿堂，但依然存在種族歧視，譬如Betty註冊以後，學校當局不知道應該將她如何歸類，放進那間宿舍？最後決定將之安置猶太裔的女生宿舍，室友對於Betty的「天真」和「不通世俗」驚奇不已，經常對她「有限的生活經驗」加以「補充和說教」，Betty深感在女生宿舍所增長的知識，不下於課堂之上。如果以今日「地球村」的眼光思量，即等於從原來的移民環境，進入主流社會的文化磨合和與調適。

李瑞芳唸完大一之後，伊大所在地厄巴納（Urbana）的市政府，成立了一個「大都會俱樂部」（Cosmopolitan Club），把來自各國的學生歸劃一處，雖然她和另外兩位日本女學生都在美國出生，當局依然把她們歸類「外國人」（Foreign），學校詢問她們是否想遷入此一區域，於是三人又搬了一次家，成為室友。Betty和名叫Janet的日本女孩一同負責清掃宿舍的廚房和廁所，藉以換取免費的食宿。

回憶當年的伊利諾大學也有一個中國同學會，男女人數為一百對二之比，Betty當選社交組長，主辦野餐、演講和跳舞等活動，雖然功課、打工和課外活動排得滴水不漏，可以說是十二萬分忙碌，但那段日子依然是她一生最歡樂自在的時光。

中國有句俗話說：物以稀為貴，因為校園內中國男女人數懸殊，社交機會驟然增加，Betty 彷彿是升到雲端的天之驕女，和家裡重男輕女的情況，有如白日與黑夜之別，然而她並沒有鬆懈課業，每年依然保持領取獎學金（Phi Beta Kappa）的優異成績，三年半便完成社會學和經濟學的雙修學位。

大三那年 Betty 和一位攻讀經濟學的宋姓中國留學生宋希源（Hsi Yuan Sung）在校園相識，他是中華民國政府選派的西南聯大留美學生，人極聰明，個性放蕩不羈，在伊大獲得碩士學位，準備去紐約攻讀博士之前，向 Betty 求婚，兩人在華府的教堂共結連理，因為新娘的父親已移居香港，婚禮是由長姐 Rose 主持，二人決定婚後前往紐約謀生。

民權意識醒覺

宋的學業成績出色，二人盤算不久就會拿到博士學位，新婚夫婦在出發到紐約之前，對於未來充滿希望，但進入一九四九年之後，傳來毛澤東領導的共產革命席捲中國大陸，驟然給前途平添許多變數。中美斷交之後，中國留學生不能回國，宋的公費斷絕，又因限於留學生簽證，不得謀事，許多中國留學生只能到餐館洗碗、端盤子打工，或忍飢挨餓度日。

李瑞芳說：尤其雪上加霜的是，美國全國上下吹起了恐共的麥卡錫主義（McCarthyism）惡風，凡是華人都有「共產黨的嫌疑」。當時的美國政府，甚至準備把華人放進內陸集中營，就像二戰時期集中監管日裔移民一樣。那時期的美國社會輿論很想對「誰失去中國」找出一個替罪羊，另方面華人為了自保，都表示同情國民政府，美國各大城的唐人街也不敢從中國大陸進口貨物。

李瑞芳回憶：當年你若走進華人圈談論時局，則眾意紛紜，有的認為蔣介石領導了一個腐敗的政府，讓人民吃苦受難，為數不少的留學生寄望新上臺的中國共產黨能夠有所做為，但是中共在大陸沒收人民的財產、土地，同時香港邊境出現大批的難民逃亡事件，對中共而言，有礙國際瞻觀。

回國受到貶抑

凡此客觀情勢，對於宋希源造成情緒上的騷動，偶爾口出怨言，責備妻子置他於進退兩難之地。但是愈到後來，夫妻兩人便愈感覺紐約的境況雖然苦，還是一動不如一靜，他們有一位相識的回國友人來信表示：「回到中國以後，受人懷疑和貶抑，真沒料想到一生的黃金歲月卻在不被信任的情況下渡過。」

Betty 雖然在美國出生，即使憑她在伊大所唸的經濟和社會學雙修，一時也找不到合意工作，首先她到一家化妝品公司擔任祕書，第二個工作是一家華爾街的公司有意安排她做假帳，正當猶疑、掙扎是否要妥協之際，一位朋友告訴她「美國之音」有一個播音員的工作出缺，她明知道自己的中文不夠廣播員的標準，還是硬著頭皮、抱著姑且一試的心情應徵。

面談時，那位中國部門主管 Mr. Jayne 問她筆下功夫如何，她回答在學校唸書時最討厭寫報告，因電台急需寫稿的人，試寫兩則之後，即獲錄用。而所得薪水竟是先前工作的兩倍，不意自此她和寫作結緣一生。

就職「美國之音」

當年「美國之音」的紐約辦事處位在曼哈頓島的城中區 mid-town，她每星期繳三篇特寫，大多數的節目包含新聞，節目內容都翻譯成中國三種方言：北京話、廣東話和閩南語，「美國之音」的目標鎖定吸引使用這三種方言的中國人。Betty 所做的特寫希望抓住這些人的興趣和注意力，她私忖那些居住在中國或東南亞的華人對於居住美國同胞的生活一定感到好奇，「那些金山客如何被地主國對待？」而中美兩國在沒有正式邦交的情況下，因此更增加了特寫節目的趣味性。

Betty 最初以為此類特寫不難下筆，她大可以訪問留學生、工人或華人家庭，搜集所需的材料，然而動手之後，卻發現工作的挑戰性很大，首先面對的是沒有現成的資料或統計數字，即使有，也和事實有距差，並且含帶負面性，和她所熟悉的華人同胞不同。李瑞芳雖然在美國出生，但九歲時返回廣東家鄉住了四年，又在華人社區成長，她目睹中國人的智慧、勤勞、莊重和自我約束的個性，和西方人所給華人的負面評語大相逕庭。

凡此種種使得李瑞芳回首自己和姐弟雖然出生美國，但在成長歲月當中，每逢離家外出的時候，一定攜帶ID身分證，萬一碰到美國移民局人員的盤查，可以立即拿出合法的證明，這件事也足以說明中國人在某種程度上永遠是境外人士，由於外表長相不同，註定受到歧視。

她在替「美國之音」的節目尋找資料的時候，跑遍了地方上的圖書館，譬如紐約市公立圖書館，或全國知名大學的圖書館，例如耶魯大學、普林斯頓大學及加州柏克萊大學或洛杉磯加大校園圖書館檔案之中的資料，都含有種族主義色彩，即使國會參眾兩院的議員為制定法律而尋找相關資料的檔案，也都強調中國人是廉價勞工、抽鴉片的老煙槍和同化不了的外國人。

李瑞芳認為：華人早年在美的境遇如此，也和傳統民族習性有關；他們過去從來不站出來主動驅除這種負面印象，大多數華人生活在自我封閉的環境，不願意違反傳統文化的訓諭而站出來替自己辯護，但生性剛直的李瑞芳 Betty 一開始在「美國之音」工作，就決心抓住機會訴說華人的故事，提高華人在美國社會的形象。

提高華人形象

為著手進行「華人動態」的節目，Betty 走訪全國各地的華人社區，希望發掘原始資料，能把節目做得有聲有色，與眾不同；經過一段時間的努力，她建立了自己的新聞網，可以知悉各地華人社區的動向。她從小就喜歡閱讀，在接下了這份工作之後，開始進一步研究華人所聚集大城的歷史，像檀香山、舊金山和紐約市，她最後歸納：華人自新大陸的西岸登陸以後，大致向東行，發展一套融入美國社會的模式；當一個大城的社區有華人家庭落腳以後，凡沾帶共同淵源的便逐漸在那片地方跟進，隨著歲月推移，也就逐漸對自己的移民角色進入情況，變得舒坦自然，那時檀香山的華人人口達到全市的百分之二十，而舊金山的在地華人已進入第三或第四個世代，相較李瑞芳所成長的華府，以及她的兄姐手足及朋友們，都只是第一代，以移民時間的長短而論，顯然華府的唐人街歷史較淺。

李瑞芳同時也造訪當時其他比較不為一般人所知的美國華人社區，譬如加州奧克蘭、和內陸的芝加哥、聖路易、西南部的鳳凰城、和東部的華府和巴爾提摩，由於這些實地探訪，她對於成長階段的中國社區因此多了一層認識。除了介紹社區和趨勢，她更進一步報導傑出的華裔人物。

介紹傑出華人

她在節目中所推出的第一位傑出華人是位女中豪傑 Toy Len Goon，一九二一年她和丈夫 Dogon Goon 一同移民美國，他們在美國東北部緬因州的波特蘭市落腳，開設了一家洗衣店，生育八個子女，一九四〇年，當 Toy Len 的丈夫去世的時候，八個小孩的年齡自三歲到十六歲不等，她不僅要照顧店務，還得帶孩子，沒想到這八個子女有如奇蹟般地各有所成，他們之中，出了一位醫生、一位化學家、一位工程師、一位軍人、一位法庭記者和一位成功的女商人，Toy Len Goon 當選一九五二年緬因州的年度模範母親，並且在紐約唐人街有一個特別為她舉辦的遊行，壓軸節目是到白宮晉見第一夫人。

Betty 經常報導的一個大項目是中國移民在美學術界、醫學界和科學界的重大發明和影響，她寫過有關鄺友良的故事，鄺的父親早年移民夏威夷，前往種植蔗糖的農場打工，鄺友良大學畢業後進入哈佛法學院，走出校門，起初經商，繼而競選公職，成為民意代表，一九五九年，他當選聯邦參議員，日後兩度角逐共和黨總統候選人而未果。鄺友良在「夏威夷」申請成為美國一州的過程當中，曾扮演重要角色。

李瑞芳還報導一九五〇年代兩位華裔獲得諾貝爾獎的物理科學家：楊振寧和李政道，紐約時報讚揚「他二人的理論是過去十年之中物理學方面的最重要發展」，李政道獲諾貝爾獎時是以三十歲的英年出任哥倫比亞大學的正教授。後來 Betty 還介紹華裔知名建築師貝聿銘，被甘迺迪家族攬延設計甘迺迪總統的紀念館，轟動一時。Betty 的寫作題目男女老少不拘，只要是和華人有關或有趣的她都寫。有時為了調查和採訪工作，她的足跡遍及全美各地的唐人街、文化活動和專業專題會議，有的故事出於事件本身的重要性，有些出自特殊性，但它們都是千真萬確所發生過的事情。

譬如其中有一則、發生在她的身上，含有種族歧視意味的真人真事，最後並沒有在她的節目露臉；記得有一回，前往內華達州的太浩湖採訪專業年會，事先預訂了房間，到了進住的那一晚，旅館賬房對她說：「我們從來沒有接待過有色人種」，Betty 問：「那麼我的攝影記者呢？」答案是：「他可以」，於是李瑞芳拖著當年還沒有裝配輪子的行李箱，在那附近找旅館安歇。

VOA節目內容

綜計五年之間，Betty在「美國之音」所做的節目共有三種：

第一類：「華人動態」 Chinese Activities

第二類是「美國一週」動態 Americana Weekly Features

第三是美國「郵票背後的故事」 The Story Behind the Stamp

第一種「華人動態」的節目，在東南亞頗受歡迎，還有忠實的聽眾和粉絲寫信給節目主持人，第二類「美國一週」節目，主旨向中國聽眾介紹美式生活，第三類「郵票背後的故事」介紹美國郵政總局所發行的郵票，三者之間以第一類最具挑戰性，必須尋找原始資料。

Betty回憶當年有些人像她前夫宋希源的觀點一樣，認為「美國之音」不過是美國從事海外宣傳的一部機器，誠然新聞節目的內容是從美國的觀點看國際事務，她表示：「我寫美國華人生活的目的，並不是為了讚美美國的民主大業，而更深一層的意義是，用華人正面的事蹟和成功故事來對抗負面的種族主義，一併洗清華人的「刻板印象。」這是何等的正義之聲！

VOA遷華府

除此之外，李瑞芳在「美國之音」的工作幫助家中渡過財務困境，她的丈夫雖未依原計畫獲得博士學位，但終能在這段緩衝期謀得聯合國的工作。根據她的觀察：中國移民所到之處，以勤奮努力和自勵苦幹贏得社會的尊敬。基於此一信念所採集的事實，李瑞芳樂與眾人分享。

一九五四年，「美國之音」VOA將總部遷往華府，那時Betty剛生下第二個孩子，她為了丈夫在聯合國的工作和免去家人顛簸，她決定離開工作五年之久的「美國之音」，回顧五年歲月，她學習了有關中國老祖宗的知識，從研究和採訪之中瞭解美國早先華裔移民的勇敢和勤奮，親眼看見當時華人的社區和家庭生活。藉著這份工作，她增進了說中國話的能力，磨練寫作技巧，同時透過採訪和寫作的機會，讓她更進一步瞭解華裔移民。終而摸索到自己未來的職場方向，歸結以上諸點，也是構成她書寫《金山》的基本條件。

為華人寫歷史

最初，Betty並沒有想到要寫這樣的一本書，她記得替「美國之音」撰稿的時候，到圖書館查閱資料，在英文著作之中，根本就見不到一冊有關華裔移民的書，而Betty認為這本書應從美國華人的觀點出發，她相信自己的出身和工作經歷，充實了寫這本書的內涵。於是每天當丈夫出門上班，小孩到學校上學以後，她至少撥出兩個小時來做這件事，前後歷時十載，Betty所倚重的是：原始資料、圖書館檔案、媒體剪報以及過去人口調查的報告。

她發現早期（指十九世紀中葉）來美的中國移民，大多源自她父親的故鄉廣東臺山縣及其附近地區，是中國著名的僑鄉之一；臺山地近港澳，濱臨南海，當地居民歷來富有冒險和拓荒的精神，自十九世紀以來，受到天災和戰亂的影響，生活條件日益艱難，於是當地人興起了向外發展的念頭，待第一批臺山子弟在美國加州找到據點，許多家族中的男子陸續跟進，因此前往美國西部的臺山人口突飛猛增。最早的華人同胞由於臺山人的苦幹和實力而大受歡迎，加州州長為鼓勵臺山移民而以土地允許狀作餌，他們所投入的工作最初是洗衣、燒飯，再擴展到從礦土中淘金、種植農作物、採收水果，其中對美國開發西部貢獻最大的是一八六〇年代參與修建橫越美洲大陸的鐵路。

華工參與築路

這條鐵路名為太平洋鐵路，橫貫美國東西兩岸，於一八六二年由美國林肯總統批准建設，一八六九年五月完成，它帶動美國西部的經濟成長，促成美國大陸的經濟運行連結一體，對於美國國力的成長功莫大焉。

根據太平洋鐵路公司發放薪水的記錄顯示：有一萬四千名華工參加築路，在全長近一千一百公里的中央太平洋鐵路線上，有九五%的工作是在華人加入築路後的四年中完成的。為什麼大量使用華工？並非出於偏愛，而是因為鐵路西段工程的地形複雜，天氣寒冷，許多受僱的白人，受不了惡劣的環境而紛紛離職他去，開工一年鋪軌不足五十公里，於是高管決定試用五十名華人，結果表現突出，於是廣招華工，他們佔去工人總數的百分之九十，大多來自廣東省和福建省。在築路期間無數華人貢獻了寶貴的生命，但根本無記錄可查，當時的報紙不時刊出開山爆炸事故、雪崩、塌方、墜崖等消息。

一八六九年五月十日，當橫貫東西兩岸的鐵路在猶他州普芒特瑞點（Promontory Point）銜接時，始自東岸來的聯合太平洋鐵路公司是由愛爾蘭裔的工人承造，始自西岸來的中央太平洋鐵道公司是由華工建造，兩路人馬慶功之餘，接著攝影留念，結果照片上卻無華人蹤影，這是早期華人受到不平等待遇最著名的一個例子。

美國一位知名的作家米爾頓・梅爾策（Milton Meltzer）說：「就建造這條鐵路的工程而言，華工所經歷崇山峻嶺、嚴寒氣候、和被壓搾工資的事實，他們所貢獻的血汗、勇氣、技能，絕非任何其他族群所能比擬，當時的慶功照片是一張扭曲事實、未能代表真相的照片。」難怪華人知名導演胡金銓和雙語劇作家黎錦揚的最大的未竟心願都是想拍一部早年華工在美建造鐵路的血淚史。

華人移民來美，本是一個「接納與融合」的故事，但碰上美國經濟不景氣的週期，華人卻變成替罪羔羊，這時候華人若在某一行業做得成功，就會受到排斥，若不幸落腳無法無天的西部墾荒地帶，只要你是中國人就會受到迫害。

悲慘的晦暗期

其中令人痛心疾首的另一段悲慘歷史發生在一八七〇年代，舊金山有一個勞工領袖名叫：鄧尼斯・柯尼（Denis Kearney），他喜歡發表聳人聽聞的演講，結尾常以「中國人必須滾出去！」終場。他在加州、波士頓和紐約都能製造風潮，由於他的鼓吹與煽動，而促使一八八二年的排華法案（Chinese Exclusion Acts）在美國國會獲得通過，而連帶使得許多華工遭遇人身攻擊，其間鄧尼斯柯尼曾因製造暴亂而被捕，但風浪一旦平息，就獲釋無罪。

每當李瑞芳閱讀這些資料，或下筆為文的時候，看到那些對華人毀謗性的言論和令人震驚的謀殺事件，皆不忍卒讀，但是她堅持要記述事情的真相，讓那些關心歷史的人知道事實的全貌。雖然她再也不能像以前任職「美國之音」的時候，造訪全國各地的社區和圖書館，搜集她所需要的資料，所幸美國圖書館之間訂有「互通有無」（Inter-library loan）的借閱辦法。然而借閱遠地圖書館的收藏，所花去郵遞的時間較長，步伐較慢，因而拖延她書寫的進度。

《金山》的敘述體例採用說故事的方式，而非擺出學者說教面孔，她所記述的人物包羅萬象，其中有早期的華裔移民直到晚近人士，字裡行間皆是真人真事和真經驗。此外，她也探討華人社區和美國政府的關係，就業市場、宗教組織、教育機構及整個社會結構。

通過排華法案

全書逐漸成形以後，浮現若干主題，其中之一，是華人和美國移民官員的跌宕起伏的關係，起先是一八八二年的排華法案（Chinese Exclusion Acts）通過後，移民官員對華人所使用的淩厲手段，李瑞芳一一列舉華裔商人、知名人士和學生所承受不公平待遇的個案。

其中最為華族人士所垢病的是舊金山「天使島」的移民拘留所，它座落美其名曰「天使島」的地方，但住處狹小汙穢，缺乏人道精神，且移民官員的行事效率差，通關手續緩慢拖延，一進拘留所就是數週數月之久，有些人因此變成病患，更由於花去一生的積蓄、或向親友借貸旅費來美，怕遭遇遣返的命運，有失顏面，因此為數不少的人走向自殺一途。

《金山》一書附帶一段「紙面兒子」（Paper sons）的討論，因而違反了華人好面子的文化習性，成為華人同胞或中國社區友人所不樂意見到的篇章，李瑞芳憶及父親以前就很不情願回答人口調查員的此類問話，由於她在書裡敘述「紙面兒子」的前因後果，難免透露了華人過去如何躲避移民檢察官的技倆，因此惹怨若干華人同胞。

這本書一共寫了十年之久，她把《金山》的稿子投遞給十五家出版公司，大多數大學出版社的答覆是：「書的內容不夠學術化」，有些書局認為：「內容有趣，但估計沒有足夠的讀者群」，一家接連一家向作者宣佈了退稿的決定。

直到有一天晚上，李瑞芳接到麥克米倫出版社（Macmillan Publishers Ltd）一位編輯的電話，說他們決定出版《金山》，她和大女兒 Tina 欣喜若狂，攜手在室內舞之蹈之，而且編輯從電話的那一端告訴她：「書稿無需作什麼大改動」，女兒詢問坐在一旁的爸爸：「你不興奮嗎？」他哼了一聲，毫不掩飾其冷漠和大不以為然的態度。

一九六四年感恩節，她的丈夫與情人私奔到墨西哥，返家後要求離婚，一九六六年她離婚後，成了四個孩子的單親母親。再過一年，前夫要求重歸於好，但李瑞芳已心灰意冷。獨自一人帶著兩男兩女，直到一九七二年七月才和鍾嘉謀（Charles Chung）先生另組家庭。

《金山》一書問世

《金山》一書的成功大大出乎李瑞芳的意料之外，學界的反應熱烈，一位波士頓大學備受敬重的傳記文學教授John McAleer 撰文表示：

「雖然華人只佔全美人口的百分之一，他們享有的權力和其他公民應該一樣多，但由於華人傳統的教化，雖然受了委曲也不抗議，華人所被剝奪的權利要大於他們對美國社會的貢獻，這種情況直到如今也很少被人提及。」

John McAleer 教授接著表示，任何對於「民權」具有人性關懷的國民，都有責任閱讀這本書。此外《出版人週刊》（Publishers Weekly）、《天主教雙圓文摘》（Twin Circles Digest）和華盛頓州立大學的一位歷史學教授亦相繼給予佳評。

接著在一九六七年十二月八日，美國夏威夷州的華裔聯邦參議員鄺友良把該書的摘要和書評在國會中予以宣讀，事後將其演講詞列入國會記錄。這本書也進入了紐約時報的暢銷榜，美國學界及各個大城的華人社區皆反應熱烈，數所高等學府把它列入課程及教材。

《金山》這本書適時也替李瑞芳的職業生涯打開了新的窗戶，一九七〇年紐約市立大學因此聘請她在亞美文化及歷史課程方面擔任教席。

華人生態研究

李瑞芳教授指出，由於一九六〇年代中葉風起雲湧的美國民權運動，緊接著掀起大學生的校園抗議與示威，促使若干公立大學逐漸放寬新生入學的門檻，到了一九七二年紐約市立大學等二十多個學院採行開放式的註冊政策，凡任何具有高中文憑的美國學生都可申請入學許可，該政策施行的第一年新生人數加倍，形成校園之內的族裔多元化，總結下來學生的平均分數下降，老師們都要多教一門英語補習課。

除了校方規定加強英文課，李瑞芳希望在「亞美文化」和歷史課方面的教材不僅傳授知識，而且應該涵有深度，對學生能有所啟發。她深感華裔移民美國的歷史包羅辛酸和成功的萬象，更需面對和主流同化過程當中所遭遇的挑戰。

在課堂上她先交待華人的移民歷史，李瑞芳並且主張學生知道華人社區的現狀，她聯繫唐人街提供社會服務的組織，譬如「中國城計畫協會」或「華美協會」，使用學生做義工，可以讓學生一面對社區提供服務，一面可以算學分。

事實上，自一九六五年的移民和歸化法案（Immigration and Naturalization Act）通過之後，華人移民從過去一八八二年排除華人法案每年允許百人入境的情況，激增到一九六五年以後的每年兩萬人。有些移民是通過難民條款入境。早先的華裔移民來美大多是為改善經濟生活或求學，到七〇年代開始增加「逃難」一項。這些難民進入美國以後大多身無分文，同時也缺乏適應環境的能力，急需地方或州政府的協助。這時候市立大學的「亞美研究」，擴充而為「亞美研究系」，李瑞芳所教授的課除了亞美文化，還增加了「亞美女性」和「亞美關係」。

李瑞芳最初以學士學位的資格應聘到紐約市立大學授課，一九六八年在皇后學院獲圖書館學碩士，她在學校一路從助理教授升遷到副教授，後來學校當局發現她沒有博士學位，依規定便不能再升，於是她決定重新做學生，披戰袍，攻讀博士，一九八六年獲得學位，順理成章登上紐約市立大學亞洲研究系主任的寶座。到直一九九二退休為止。

人力資源研究

李瑞芳一生從事華人移民美國的歷史研究，著述豐碩，一九六七年出版第一本書《金山》，一九七〇年受聘紐約市立大學教授華僑史，她眼觀亞、華裔社區動態，作為繼續著書立說的依據。自一九七二年到一九七八年的執教期間，先後獲得四筆研究經費；使她在教學之餘，同時致力研究華人社區的議題，並且寫下專書。

李瑞芳的主修是社會學和經濟學；她在課堂內外經常被問道：「華府有多少亞裔人口？」「紐約市華人的出生率是多少？」「中國社區有多少人在餐館工作？」等問題，她也經常思索華裔如何在美國經濟體系之中「適應和生存」的就業課題。

一九七二年，李瑞芳向聯邦勞工部人力局申請一項研究計畫，探討：「華裔就業特色」，該項研究有三個要點：「這些華裔住在那裡？做什麼工作？工資多少？」李教授發現職業是決定一個成年人生活形態的最重要因素，這份研究在一九七五年以《美國華裔人力就業調查研究》為書名，由 Prager Press 出版，英文書名是：*Survey of Chinese Manpower and Employment*，一九七六年該書獲書評雜誌 Choice Magazine 推薦為年度最佳書籍，而李瑞芳說這本書的最大驚喜是：聯邦勞工部人力局局長來電話表示，他花了一天的時間一口氣讀完這本書，由於資料豐富，深具參考價值，所以他訂購了五百本，讓聯邦政府其他機構的同僚分享。

李瑞芳躍登紐約時報的暢銷榜作家之後，她在紐約地區聲名鵲起；一九七二年她的大學課堂成為紐約時報的特寫題材，經過媒體的傳播和發酵，有許多位紐約的中小學教師向李瑞芳教授傾訴在課堂上所碰到的問題，並且尋求解決之道。

一九四九之後

這些老師表示：以往所教的華裔學生在數量上比較少，他們都很安靜、用功，但自一九六五年的移民和歸化法案（Immigration and Naturalization Act）通過實施之後，華裔新移民的數量激增猛漲，這些新到的華裔學生也都努力適應新的環境。但顯而易見若以一九六五年做為分界線，學生的素質和數量便出現不小的差異。

凡熟悉中華文化和歷史的人皆知：中國的知識分子向來受到社會的尊重，但知識與學問得來不易；自清末民初以降，政府派遣留學生到國外吸取西洋新知，像李瑞芳的前後兩任丈夫都出自社會的精英階層，被中華民國政府遴選來美進修。

到了一九四九年中國共產黨執政以後，一般小孩所受的課堂教育微乎其微，毛澤東打著農民革命的旗號，叫青年下鄉接受農民的指導，如果違背領導的旨意，便遭遇下放農村的處分。對於中共如何壓制思想自由，抓緊教育政策的做法，李瑞芳的幼女 Cynthia 有過第一手的經驗；Cynthia 因為受了母親的影響，自耶魯大學畢業後，接受 Yale-China 協會的選派，前往中國武漢大學教授英文和美國歷史課，課餘還熱心教授美國民歌及節慶習俗，Cynthia 不久便發覺自己受到監控和阻撓，因為她在美出生，自小接受美式教育開放精神的薰陶，仍舊堅持自己的做法，直到任期結束為止。

由於中共教育政策著重體力勞動，於是七〇年代移民來美的華裔學生和早期的有所不同；在一九四九年共產黨執政以後的種種教條已經生根發芽，其鄙視教育的文化政策，使得紐約地區數量猛增的華裔新學生成為若干教師的夢魘。除去一九四九年以後中國大陸政治現實的改絃更張，造成移植華人學生的素質變化，中國的傳統文化和美國社會習俗也存在若干根本上的歧異。李瑞芳在訪問中曾指出，她和手足是出生在美國大都市的華人之家，所以她家的兄姐弟妹時有機會接觸中美兩種文化，雖然身為美國社會的邊緣人，鮮有生存和適應的難題，比起那些出生在中國又只懂一種語言的華人兒童，突然被放進另一種語文和生活環境，其所受的衝擊可想而知。

異文化的衝突

李瑞芳在一九七〇年代的後半期，完成了兩篇與中國學童有關的研究和論文，前者名為「兩種文化的衝突」（Bicultural Conflict），另一篇「被移植的中國學童」（Transplanted Chinese Children），在一九七九年出版成書，後者是她的博士論文，兩本皆由紐約市立大學發行，其中頗值一提的是：李瑞芳從民族習性特色來分析中、美文化的衝突之處，首先，她舉出實際的例子說明孩童的固有文化經驗，很可能在他融入另一新文化時所造成的衝突。

就以侵略性（Aggression）為例，在中國的文化當中，「好鐵不打釘，好人不當兵」，一位學者或士大夫永遠以「智慧」、而非「拳頭」取勝，小孩自幼便被父母教導：若在外和人爭鬥或打架，便有損家聲。

但根據李瑞芳教授自己在美國的成長的經驗：主流社會對 Aggression 的看法顯然有所不同，一般大多數的美國家長通常不鼓勵 Aggression，但是如果受人欺侮，也絕不能忍氣吞聲，依照美國人的文化習俗，恆常受到尊重的是那些居於劣勢而力拼獲勝的人，李教授指出，如果一個中國孩子在學校碰到霸凌事件；他很容易成為一名受害者，他的解決辦法也很難在同學與父母面前能夠兩全其美，如果他和人打鬥保護（defend）自己，就違反父母的教誨，如果繼續扮演受害者的角色，就得不到同學的尊重，因此在他「原本的文化」和想「融入的文化」之間，鮮有妥協之道。

她說：另一個中美文化明顯的差異例子是：父母和子女表達親情的方式（Demonstration of affection），試想一個小學三、四年級的學生，在學校或電視上或電影裡，時常看見美國的父母常說「我愛你」（I love you），「我以你為榮」（I am proud of you），或動輒相互擁抱。移植的中國學童私下難免觸景生情，會懷疑父母對自己的關愛程度，李教授認為：它連帶所產生的不安全感也會增加融入學校和交新朋友的困難，最終也構成了華裔學童與父母的衝突隱因。

調查幫派組織

一九七六年，「美國華裔人力資源的研究」成功出書之後，李瑞芳教授在紐約市公立學校的一群教師的要求之下，第二年開始研究上述來自中國學童所面對語言和文化的挑戰，恰巧那時紐約唐人街治安不良，不論住宅區或商家或餐館，都有幫派滋事，於是「紐約州政府兒童發展局」和「聯邦健康教育福利部」不約而同前來李瑞芳的辦公室求助，希望她就此作一研究報告，能夠查出幫派如何作業？是誰參加這些組織？如何能打散他們徵募新血和活動的方法？

對於這樣的一個調查題目，理當義不容辭，但李瑞芳那時剛和鍾嘉謀先生重組新家庭不久，他的前妻留下三女一男，新結合的「家」共有三男五女，李教授憂心這份調查工作會影響八個子女的安全，幾經思索，同意接下重任，她瞭解幫派問題必須弄個水落石出，予以正面迎擊破，否則絕不可能從中國城自動銷聲匿跡。

於是她訪談了無數社會工作者、社會領袖、員警和已經洗手不幹的黑幫分子，她發現許多幫派分子來自中國大陸，不諳英文，因為求學求職無門，以致淪落街頭而供「老大」驅使。她記得曾訪問了兩名年輕的幫派活躍分子，其中一位因為在她的班上選過課，她保證只想聽取他們的經驗和意見，而不在探查「其」身分，由於這名學生信得過老師的話，才應約前來，他們三人約好在一間公寓見面，坐定訪談之前，二人搜查屋內的每一個角落，害怕暗中埋伏警員。

訪談之時，兩人的眼睛緊盯房門的進口，李瑞芳教授的第一個問題是「現年幾歲？」兩人都不願回答，追問之下，他們給李教授上了一課，原來美國的少年犯罪法規定，十六歲以下可以得到法律保護，所以這些少年犯絕不承認他們的年齡超過十六歲。

上過她課的那位少年黑幫分子，人長得聰明漂亮，個性又討人喜歡，且在班上的成績出眾。李教授詢問兩人為什麼加入幫派，回答：「純粹是為了錢」，自從入夥以後，有了固定的收入，每個月可以寄上八百元美金回香港供養雙親，因為嚐過甜頭，雖然做過槍靶子，又被拳打腳踢，卻也沒想到要離開這一行。訪談之後兩個年輕人向李教授索取一百美元的報酬，她清理了自己的皮包，一共才得三十元，兩人十分失望，但還是分錢走人。

提出解決方案

李瑞芳的報告總結：解決紐約唐人街的幫派問題並非一蹴可幾，但也不是沒有藥方，問題的癥結在於：如果年輕人不事生產、沒人監督、或不受教育而任其流離失所，就會被機會主義者所乘，讓年輕人受到不義之財的誘惑和操縱。

李教授認為：當務之急是加強警員的佈署，遣返黑幫領袖，責罰屢犯者。同時社區人士也應瞭解：面對幫派問題，不可一味掩飾，把它當作一件不可告人的祕密。最重要的是，在學時就要加強雙語教育，年輕人必須積極參與職場，無論是警局、司法系統、社區、鄰里組織或父母親，人人皆對幫派問題有責任。

李瑞芳教授所完成的「紐約唐人街幫派報告」，先指陳問題的真相，隨之擬列解決的辦法，該報告當即獲得紐約時報記者的青睞，約她撰述為文，刊登於該報的星期週刊，但李教授為顧及當時家人的安全，未在媒體發表，而只供政府機關參考，並未公諸於世。

像李瑞芳教授這樣探究社會真相，實事求是，對大都市治安問題提出解決之方的學者可謂鳳毛麟角。隨後美國政府開始遣返黑幫領袖，若干非法賭博活動遷往大西洋城，而七〇年代曾被黑幫困擾的紐約唐人街也逐漸恢復平靜，難怪二〇一六年紐約時報的一位女紀者會把李瑞芳列入打造紐約城傑出女性的百人名單。

華美異族通婚

李瑞芳教授一生的研究和寫作大致沿著務實的原則，以解決華裔移民所面對的現實問題為要，華人移民美國後，首先要找到賴以生存的職業，然後是子女的教育問題，待第二代成長之後，就要面臨下一代與異族通婚的或然率。七〇年代李瑞芳開始在紐約市立大學教書時，眼見華人父母憂心子女和美國人交朋友、談戀愛，同時也發現學生和異文化人士交往的時候，也不讓父母知曉。回顧美國社會也直到一九六七年才有美國最高法院創下贊同異族通婚的判例，即使到了五十州都承認異族通婚的合法性，仍舊有許多家庭與社區都以此為禁忌。好萊塢有部獲得奧斯卡金像獎「誰來晚餐」的影片，即以黑白聯姻為主題。回頭看她自己家中的八個子女，也有半數與異族通婚，於是李瑞芳決定研究這個題目。

首先在採集資料方面，她瞭解一般在紐約成婚的夫妻都會到市政府註冊登記，檔案中也會附帶家庭背景等資料，這些資料因涉及個人隱私，絕少對外開放，當時李瑞芳跑到市府祕書長David Dinkins辦公室要求調卷做研究，她是第二位獲特許使用此一檔案的學者。後來這位市府祕書長當選了紐約市長，是紐約市第一位非洲裔市長。

在選樣的方法上，她決定分別從一九七二和一九八二年兩年、接近二十萬份的結婚申請中，檢出華人的申請表，再以社會學的標準，加以統計、分析，李瑞芳教授親自出馬訪問五〇對華洋通婚的當事人及子女，然後撰寫《華美異族通婚》（Chinese American Intermarriage）。

在這份研究報告中，李教授指出，華人反對異族通婚最烈的是家中的父母親，所用的方法也無所不用其極，於其如此，受訪的異族鴛鴦因為共過患難，所以夫妻關係相當穩固，他們在文化或語言或宗教方面的歧見少，倘若二人發生爭執也大多與個人的生活習慣有關，和「同族通婚」所碰到的家庭爭執的起因十分類似。一九九〇年《華美異族通婚》一書問世，是由紐約市的移民研究中心（Center for Migration Studies）出版，她以此為題寫了數篇文章寄往學術期刊發表，如今時移事遷，風氣已開，「異族通婚」不似先前招來非議和指責，但在四分之一個世紀之前，李瑞芳教授從事這項調查之時，確是此一研究領域的先行者。中華民國行政院新聞局駐紐約辦事處曾將該書摘要譯介。

發掘華裔歷史

李瑞芳平日喜歡涉獵歷史，同時一生關注華裔社區事務，因長期案牘勞形，家人勸她稍稍放慢腳步，她也有意做完「華人與異族通婚」的題目之後，好整以暇，暫時告別研究與出版工作，不意柳暗花明「又一村」！

一九九〇年代初期，知情人士告知李教授：位於紐約附近的一座國家檔案中心大樓，存放了五百八十一箱華人移民登陸紐約港口的檔案，禁不住好奇心的驅使，她前往開箱抽查，其年代上溯一八六〇年，近至一九四三年，正是美國國會當年公佈排華法案後、美國移民史頁上絕少提到的一段歧視華裔的陰森晦黯時期。

她發現這「一村」的景觀和蘊藏非比尋常！二〇一七年七月底她在接受本文作者訪問時表示：這是她數十年從事研究和書寫華裔移民經驗當中「最重要和最有趣的發現！也是她耗時最久，最花功夫的學術研究。」在她眼裡這五百八十一箱的檔案和照片，包括了當時華人的「社會史」，是珍貴無比的史料。

根據李瑞芳教授瞭解；美國學界認為近代華人移民美國始於一八七〇年，從美國西岸登陸，也有一說華工是美國淘金熱之前從秘魯、古巴和其他的南美洲地區來到美洲，但是這批被李教授開箱的檔案卻指出十九世紀華人登陸美國東岸的時間，要比早先瞭解的一八七〇年早上十年。也比太平洋鐵路的竣工早上十載歲月。

這些箱內的珍貴歷史檔包括：電報、證明書、明信片，照片和公文謄本等，經過李教授的鑑定之後，認為的確有進一步研究的價值，她擬列計畫，向蔣經國基金會請得五萬美元的經費，交由紐約大學東亞系的一位講師逐案查閱登記，歷時兩年，事後向蔣經國基金會報告研究結果，同時又申請到美國人文基金會的八萬美元的研究費，聘約三、四位華僑學界人士繼續開箱整理，到了一九九五年，屬於紐約地區的檔案全部整理完畢。同時在整理期間因科技的進步和演化，檔案的儲藏形式迭有「三變」，一開始使用「檔案卡」（file card），結果圖書館人員認為紙張經歷歲月易遭破損，於是改用「縮微膠片」（microfiche），隨後又被告知膠片也一樣受到侵蝕而離析，於是最後決定把檔案資料輸入電腦（computer），除保存史料，還可供華人尋根。

不意到了新世紀之初，紐約發生九一一的災難，聯邦移民局有意把這些資料移送科羅拉多州的檔案館儲存，李瑞芳教授極力爭取將它留在紐約地區，一則便利研究工作者的使用，或檔案人物的後代子孫查詢，當局最後採納李教授的意見，把這批檔案留在紐約曼罕坦下城的全國檔案分館，這是後話。

這批在美國港口檔案中所發現的移民史料，引起了紐約時報的注意，並且在一九九四年七月十七日作了一長篇專訪。那篇報導是以李瑞芳教授的話作結論：「這是美國華裔移民史中最悲哀沉痛的一頁，這些檔案反映了他們遭遇什麼樣的迫害，有些人被關了一、兩年，不斷受到盤問、折磨，有些人走上自殺的絕路，但是大多數的人硬挺過來，終而變成美國歷史的一部分。」

這些資料原隸屬紐約市港務局的歷史檔案，當年管理移民登岸入境美國的共有十二個港口；美國國家檔案中心的主任建議李教授不妨把其他各大港的華裔移民檔案都依樣整理出來，但是因為她一個人的時間、精力有限，於是鼓勵其他各城市的華裔人士籌款進行，據聞西雅圖、舊金山、芝加哥、陸續有人準備申請經費，借來李教授所繪製的藍圖大綱，希望把全美華裔移民歷史串連成冊。

投入民權運動

李瑞芳教授在美國亞洲學界的努力耕耘，已先花後果、贏得「拓荒者」的美譽，然而她的難能可貴，不止於紙上談兵，向有關方面投遞抗議函，而且摩頂放踵、走出學術的象牙塔，和華、亞裔的同胞並肩在街頭一塊舉旗抗爭。她第一次代表亞裔仗義直言、爭取權利是在一九七〇年，當時聯邦的族裔分類表中、亞裔並不被視為少數民族，而那時候的確也有一派亞裔人士不願意被標籤為少數族裔。即使有人看出其中的利害得失，也絕不願出面爭取，假使拋頭露臉前往民權委員會的公聽會去發言做證，就會被視作搗蛋分子或激進派。

更有傳言：如果被公認是「激進派」，繼之將招惹ＦＢＩ聯邦調查局的注意，成為被調查的對象。無論傳言如何，李瑞芳和一位已作古的秦姓律師出現在民權委員的公聽會上，極力爭取亞裔列入少數族裔，並獲通過。此後為華裔贏得不少福利，這還要歸功於李教授等、當初不怕被人貼標籤的勇氣。

筆者第一次見到李瑞芳教授是一九九七年夏天，她赴休士頓參加全美亞裔專業人士協會，主講「異族通婚」。演講結束後，不忘提醒在場的聽眾：賺錢固然重要，但是「瞭解自己」更為重要。現在大家都忙著賺錢，做華裔社會調查的愈來愈少，我老了，希望年輕人能夠繼續做，尤其今日有電腦幫忙，比以前做起來方便許多。這番話聽得全場鴉雀無聲。

李教授身材纖巧，那日演講、著一身櫻紅色短袖套裝，年逾七十，看上去只有五、六十歲的模樣，說話語氣不疾不徐、未見經歷風霜雨雪的痕跡，你如果在紐約唐人街碰到她，難以料到這是一位知名的學者與作家。足見其深知「玉人貴藏暉」的道理。

榮獲海華獎章

同年華僑節，中華民國僑委會頒贈「海華榮譽獎章」給李瑞芳教授，獎辭說：「李瑞芳教授任教於紐約市立大學經年，對美國華僑史、華僑人力就業、華人社會適應與結構變遷、素有專精研究，有助於提升華人形象與福祉，貢獻卓著，本會特頒海華榮譽獎章，以資鼓勵。」

次年我前往紐約參加北美文友集會，她獲悉後，來電邀我順道她家作客，討論為其寫傳的可能性，二十年前的我，勇氣十足，受寵若驚之餘，先研讀她的成名作《金山》，又備了錄音機，作客三日期間，帶我造訪她的舊居、早年工作的圖書館、市立紐約大學東亞系辦公室和她先生所工作過的聯合國總部，返家時又抱回她所贈送的五本著作。

回家後面對她的社會調查研究和著作，才發現這是一個不小的工程，在我打理家務、接送小孩和採訪寫作之間，使得日常作息失去平衡，對於這項口頭約定只得去信表示歉意。轉眼二〇一七年春天，復閱報得知李瑞芳教授獲得亞裔研究學會所頒發得的「終身成就獎」，恰巧七月下旬我應邀參加紐約聖約翰大學所主辦的「中國近代教育和留學生」研討會，於是約定第三度拜訪這位我敬愛的作家前輩和華僑史專家。

沈重的打擊

那是一個七月底的暑熱天，我依約抵達她曼罕頓的二十層高樓公寓，見到久違的李瑞芳教授，卻不見她身邊結縭三十七載的鍾嘉謀先生，原來自二〇〇三年鍾先生被診斷患有「失憶症」後，性格變得暴躁多疑，一改過去溫文祥和，增加看顧的困難，不意二〇〇九年，鍾先生居住洛杉磯城的女兒建議把父親送往她西岸的家，好讓繼母得以休息喘息一段時間，李教授依言把丈夫送上飛機，不料自此她和鍾先生先便天隔一方，再未相見，後來依照加州的法律裁定：李瑞芳不再是鍾嘉謀的妻子，並且從丈夫的遺囑中除名。李教授沉痛地表示：三十七年的模範家庭和親情俱成灰燼。

九十三歲的李瑞芳教授回述：在她親生的四個子女的勸說和撫慰之下，她走出跌傷和失聰的陰影，內心對法庭的宣判感到極度失望，所幸教授的退休金和社安津貼得以渡過餘年。

將大城變小城

雖然已經退休四分之一個世紀，但每次走過唐人街，仍有昔日的學生上前拍拍她的肩膀問道：「是否還記得我？」當年十七、八歲的青年，如今俱已年逾半百，這就是她目前最感欣慰之事。

二〇一五年，李瑞芳獲得紐約華美博物館所頒發的「社區英雄獎」，許多昔日門生前來參加典禮，其中包括：紐約地區的華美協會OCA主席、一位移民法官、一位檀香山地區的法官、一位是紐約州最高法院院長。還有位學生曾在陸軍醫院工作、現居北卡州，每逢母親節和聖誕節都給她寄賀卡，從未間斷。其溫馨之情就像李教授小女兒在母親八十生日賀卡上所言：

「我陪您一同走過唐人街，眼見許多人迎上前來和您敘舊、寒暄，忽然之間把一個冷漠的大城變成了笑臉相迎的小城。」

筆者在寫作生涯之中，有幸結識這位身懷絕技，能把大城變成小城的奇女子，她的事蹟不僅是一篇言而有物的人生紀實，同時對於後來者必將有所激勵、有所啟發；這位研究美國華人問題的先驅，於二〇二三年走完人生旅途。

（原文題名「移植金山的一株蘭」，獲一九九八年中央日報及世界華文作家所舉辦的第二居海外華文創作獎第二名；二〇一七年筆者赴紐約參加學術座談，再訪李瑞芳；書成，刊載於二〇一九年三月號《傳記文學》。）

上　李瑞芳教授家中茶几上放置的這本書《打造紐約的女先鋒》（*The Women who made New York*），是由紐約時報的女記者Julie Scelfo於2016年完成，書中包括百餘位不同族裔的女性。（石麗東攝於紐約2017年）

下　李瑞芳教授於1997年在休士頓舉行的美華協會全美年會上演講。（石麗東攝）

追求夢想，見證歷史：李存信「村童」變「王子」

二十世紀的中國歷史，充滿驚心動魄的變化和形形色色的故事，一九一一年的辛亥革命推翻了三千年帝制，建立民國，努力洗刷列強的侵辱，同時積極尋求現代化，其間經歷兩次世界大戰，尤以第二次的八年抗日在蔣介石的領導之下贏得中國近代史上唯一的對外勝仗。移至一九四九年，大江東去，戰亂、天災、人禍隨泥沙俱下，滔天巨浪淘盡多少英雄人物。

俯仰百年滄桑歲月，本文敘述的芭蕾王子李存信，看似晚近大歷史中的邊緣人物，這位一九六一年出生山東貧農家庭的青年，行至七〇年代末期，因舞藝超群，成為中美交換學生，一旦接觸外邊的世界，倖得比較裡外的機會，便幡然選擇留美一途，決意使出渾身解數，前進陌生的資本社會，發揮炎黃子孫無限潛力，展現中國農村子弟的優秀品質。

綜觀他在西方世界成功地扮演兩個芭蕾舞團的首席舞星、澳大利亞暢銷書作家、轉業金融投資、勵志演說家，二〇〇九年當選澳大利亞全國模範父親、天主教大學頒贈榮譽博士學位、二〇一三年當選澳大利亞年度人物，二〇一四年四月獲邀隨行澳大利亞總理訪問中國友好團……他一路走來積攢現代社會的各種榮耀於一身，最令人喝采的是峰迴路轉，年逾五十，復被澳大利亞昆士蘭芭蕾舞團禮聘為藝術總監（Arts Dierctor），重新回歸美藝的追求，成就劃時代的一段傳奇。

如果歷史是一面鏡子，從大處看，李存信自東方農村移植西方大都會的傳奇，一則具體而微地反映了二十世紀下半葉共產主義和資本主義的消長形勢，再則也演繹了文革之後到改革開放之前，李存信以貧下中農子弟的「身分」前往北京舞蹈學院學習芭蕾，一九七九年官派赴美做交換學生，親歷兩種不同的政治、社會制度，他做了一個順乎人性，合乎情理的抉擇。

日後每當西方媒體詢問他留美不歸的理由，李存信提出兩點；首先是為了愛情，當初和美麗的芭蕾舞女學生墜入情網，隨之熱戀成

李存信表演《羅米歐與．茱麗葉》的劇照，女主角Janis Parker是美國知名女芭蕾舞星。（照片來源：Houston Ballet）

婚。其二是追求藝術的自由，待一年短暫的婚姻結束後，渴望「藝術表達的自由」成為他決定留美的最重要理由，無庸待言，「自由」世界的背後還有一流的編舞、戲院和輝煌的前程向他召喚，如果仔細觀察李存信日後所獲得世界級芭蕾舞賽的大獎，以及他在不同的人生階段所創造的佳績，幾乎有如神助。追根究底「神助」就是「自助」與努力「奮鬥」的結果。

【第一章　出身】

李存信一生奮鬥的起點，始於中國北方山東省濱海的農村嶗山縣，一九九一年春天我第一次到休士頓李家客廳訪問他的時候，聽他自敘生命的啟點；

出生濱海農村

李存信出生於一九六一年，前此「大躍進」及隨後三年的饑饉造成連年災害，使得全中國餓死人口幾近三千萬人，各地農民經常連樹皮也沒得吃，幸好李存信家近青島濱海農村，地方不算貧瘠。他在家中排行老六，手足共七男，其母曾被鄉裡鄰居稱為「生了七個男孩的幸運女人」，家中一年到頭吃得最多的是地瓜乾，也是大人小孩都不喜歡的食物，但同一公社的有些家庭，甚至連地瓜乾也吃不到。

他用一則小故事說明當年食物匱乏的情況：李存信記得過農曆年的晚餐桌上，全家將一碗餃子推來讓去，偶爾在一盤蔬菜中有一小塊肉，母親示意留給父親吃，因為全家都得靠他，父親說應該給母親吃，如果不是娘，大家都要喝西北風，所以一小塊肉也會在餐桌上傳來傳去，最後父親藉口要看小老七的牙齒，趁機把那小塊肉放進么弟的嘴裡。這段生動的描繪，表現了農村家庭的物質條件雖然貧乏，但不乏謙讓互愛的傳統美德，令聽者一則感動一則心酸。

李存信愛家的個性，也表現在他築巢休士頓後的室內陳設；一九九一年我訪問他的第一篇報導有這樣的一段開場白：「面對李家客廳進口處的牆壁，掛著一幅放大的黑白照片，這張六十年代末期所拍攝的母子圖，約莫三、四尺的長方形，李母居中，七兄弟周圍環繞，氣氛溫柔古樸，疑似攝影比賽中的佳作，不免向李存信追問它的出處，他解釋：休士頓芭蕾舞團總監史蒂文生在我家相片簿上看到這張照片，叫瑪麗（李存信妻子）取下來，特別拿到店裡請人放大加工，裝了框子送給我，果然看到的人都說很有意思。」這張親情洋溢的母子圖，配上素淨的白牆和黑白條的兩件沙發，反映主人樸實雅致的品味。

那次採訪過程中也被屋內的另一件裝置藝術所吸引：「客廳內另有一件奪目的陳設，

掛在進門左手邊的牆上，乍看像一幅古畫，仔細瞧原來是一條經過裱糊的古代羅裙，照理應該是博物館裡的展覽品，果然也有一段故事。

李存信說，「數年前，和好幾位同事應邀到芭蕾舞團的一位董事家晚餐，飯後主人拿出祖父早年在中國大陸所收集的幾樣古董請大家觀賞，其中一件是清代官家女眷所穿的羅裙，我看了讚不絕口，沒想到他請人裝裱，配了框子送給我。」從這件餽贈傳家寶的故事足以說明李存信在休士頓舞團擔任首席芭蕾舞星所受歡迎的程度。」

花功夫習英文

身為自由撰稿人，我之所以興起採訪李存信的念頭，與其說因為他是休士頓一位家喻戶曉的芭蕾舞星，不如說是十年前「投奔自由」所造成的餘震效果，一九八一年我尚屬朝九晚五的上班族，從報上看到李存信的新聞，一直很好奇究竟是何種勇氣和毅力使他決定繼續留在美國跳芭蕾，接下去的數年間知道他一連獲得美國及國際舞蹈比賽的銀牌與銅牌，一九八六年又獲摩納哥王妃葛麗絲公主基金會的舞座得獎人。

最後促使我拿起電話詢問李存信是否願意接受採訪的導因是：一位新聞系系友陳扶告訴我，李存信前不久到她工作的德州醫學中心圖書館演講，有位聽眾問他小的時候父母親如何培養孩子跳芭蕾的興趣和愛好？李的回答大大出乎聽眾的意料，他說，小時候農村生活貧苦，有時候連褲子也沒得穿，經常是光著屁股在外邊玩泥巴。加上那時中國鬧飢荒，所以一直拖到九歲才上小學。」因為李存信用他字正腔圓的英國音 British accent 回答，益發激起聽眾的好奇心，而且也凸顯演說人的傳奇性。

李存信所自修的漂亮英文，常被外國記者讚美有加，有篇報導特別指出，因為李的恩師史蒂文生是英國人，加上休士頓芭蕾舞團有幾位來自英國的舞者，乃耳濡目染所致，李存信自己解釋：「因為芭蕾舞屬於一種比較古典的藝術，所以學英文的時候便選擇英國口音，比較對味。」

從他選擇英國口音的巧思看，李的成功並非出於偶然；不言而喻在此之前，李存信已經花了許多功夫查字典啃英文、他透露自從到了美國以後，便藉閱讀英文小說來增加語文能力，他記得所讀的第一本是朋友贈送的聖誕禮物《神駒黑美人》（Black Beauty），當他唸完這本書的時候，其中的每一頁都布滿他的中文註解，訪問中他告訴筆者當初來到美國就感覺到：語文是和人打交道的重要工具，並且也是走出社會邊緣，融入主流的有利途徑。數年後當他口說和讀寫能力遊刃有餘，再加上聲譽日隆的名人身分，便受邀成為專業的演講家，像ＩＢＭ等跨國大企業陸續邀他做勵志演講，內容多半以他傳奇的人生做經緯，根據媒體披露的統計數字，他自遷居澳大利亞以後，每年發表的演講次數達三十場左右，平均每月至少兩次。

井底蛙的故事

中國以農立國，數千年來大多數農民都生活社會底層，以勞力看天吃飯，歷代多位君主和執政者雖然推行過重農輕商的政策，但仍舊無法扭轉經濟不平的現實。出身農村的李存信，從小就愛聽父親說故事，印象最深刻的故事就是「井底之蛙」；傳說井外的青蛙一日告訴井裡的小蛙外面的世界有多麼大，但是井裡的老蛙卻悲傷地告訴小蛙，知道了又有什麼用？你註定要生活在井裡，是沒有辦法跳出這口井的，蛙爹勸蛙兒認命，否則一輩子都會痛苦，故事的結尾是：「那隻可憐的小青蛙一輩子都在嘗試離開那口陰暗的井，但始終沒有成功，外面的世界只是一個夢。」李存信說，他年幼時常常想起那隻可憐的小青蛙，家人的貧窮生活好似被困在井裡一般，沒有出路。

現實生活之中，李存信第一次跳出的「井」，是他的出生地嶗山縣，緣因中央上級的選擇，而非個人意願，第「二口井」是共產黨統治的中國大陸，也就是六〇年代以後，西方世界所稱的竹幕或鐵幕，這是他個人奮力所爭取跳出去的機會，此後便海天遼闊，任意翱翔。

二〇〇三年李存信出版他的傳記《毛澤東時代的最後舞者》（Mao's Last Dancer），其中第二十三章寫他雙親於一九八四年底，得到老布希夫人的幫助，獲准從山東老家到休士頓來探望他，這也是李存信和家人斷絕音訊六年之後的首次團聚。返回山東之前，臨別父親突然問他是否還記得「井底之蛙」的故事？並且謝謝兒子讓他和娘（李存信的母親）看見了外面的世界。

相對於他的父親，李存信母親的人生態度比較樂觀外向，依照中國農村「多福多壽多男子」的幸福指標，她生了七個兒子而備受鄉裡艷羨；一九七二年，當李存信被中央派來的代表挑去北京舞蹈學院跳舞的消息傳開以後，母親雖然不捨，但告訴兒子「今天是我這輩子最高興的一天。」十一歲的李存信告訴娘「我不想離開家」，娘說：「你想一輩子留在這吃地瓜乾嗎？這是你逃脫苦日子的好機會，去吧，去過另一種日子，不要做農民，不要回頭看，這裡有什麼？漏水的屋頂？兄弟們的臭腳丫氣味？還是吃不飽的肚子？」

歸還我的兒子

十餘年後，當李存信的父母親初次來美探子，娘告訴他「叛逃」事件兩天之後，幾名官員到家來訪，一位官員對她怒吼：「你兒子背叛了祖國，投奔骯髒的美國，你是他媽，養出這樣的兒子應該感覺丟臉……」但是官員低估了他的母親，她抗議：「你們憑什麼罵我，是你們帶走了我的兒子，從十一歲起你們就負責教養他，還敢來問我做了什麼，你們丟了我的兒子，你們要負責！」那些官員無話可說，只撂下一句話：「我們還會來找你」。

李存信的成功故事，除了他果斷地抓住時機，努力不懈之外，不少人認為還有藝術天分和機運的因素在內，此處按下「天分」不論；筆者在海外從事自由撰稿，親眼見到不少有志藝術的炎黃子孫來到海外奮鬥，但西方的雨露並沒有滋潤他們茁壯成長，許多人轉而打工營生，或以跑龍套方式延續自己追求藝術的夢想，在異地求生糊口已屬不易，更何況在藝術表演方面能出人頭地。

機會和運氣的定義又如何呢？由於李存信在二〇〇三年由企鵝公司出版自傳體式的回憶錄，其個人經歷在打書的過程和他二〇一二年被禮聘為昆士蘭芭蕾舞團的總監之後，又重新被媒體熱烈反覆討論，其間令人印象深刻的莫過於二〇一四年二月十九日，他接受澳洲布里斯本大紀元報記者泰瑞的報導，這篇名為〈故事背後的李存信〉，不但記者問得巧妙，想針對李存信成功的因素，問到水落石出，而李的答案也歸納了一個「成功」的普世準則，令聽者思之再三，具有轉述和流傳的價值。

天分．用功．機運

記者泰瑞問：你的藝術事業非常成功，但成功裡頭彷彿又有許多偶然的因素，譬如當初中央去你村莊挑選跳舞學生的時候，就因為班上老師的一句話，你意外補上，又譬如你落難要被遣送回國的時候，剛好因為老布希夫人是芭蕾舞團的董事……那麼你是否能百分之百地肯定：只要努力付出，就能成功？

李存信的回答充分表現他敏捷的思路和暢銷書作者的語文技巧，他立即畫龍點睛地說出問題的關鍵：「但我也覺得自己會給自己創造機會」，比如說，如果我沒有真正努力，真正吃那些苦，我就不會成為舞蹈學院的尖子，如果不是尖子，不論史蒂文生什麼時候到中國，也不會注意到我，不會給我留學的機會，即使我去了美國，如果不繼續努力，史蒂文生也不會讓我代替受傷的舞者去做那場首演，我也不會一舞成名，讓紐約時報編輯寫下「A New Star is Born」的標題，在中領館被扣押的那一晚我所冒的險，差點沒把自己的性命丟掉，「所以總結來說，我還是替自己一步步地提供條件，打開門路。」

記者又緊追不捨地問：是否曾經感慨過一種冥冥之中的「註定」與「巧合」？李存信這回引用「東西客觀社會環境」及「民族性之不同」來回答這個問題，「我覺得如果有西方這樣自由、寬鬆的環境，華人在海外的成功率是很大的，也因為中國人本身是一個很刻苦很努力的民族，我覺得外國人對我們華人也很佩服，因為成功的華人很多，像來自香港、台灣、新加坡……這許多成功的華人和刻苦奮鬥是離不開的。這番話顯示李存信應對媒體的技巧已達到爐火純青的地步，一方面不讓記者把自己逼困牆角，更重要的是闊大視野，讓提問的人能夠見樹也見林，若從這番回答「論英雄」，李存信事業的成功並非常人所想像「多少得自運氣。」

如果仍舊有人堅持李存信在西方世界的「成功」，多多少少有點「運氣」成分的話，根據筆者所搜集和閱讀相關資料所得的結論，惟一的「運氣」，應該和李存信所跳的「芭蕾舞」有關，首先在美國欣賞芭蕾舞的觀眾絕大多數是有閒有錢的中產階級以上人士，他們在社會上擁有經濟實力或政治地位，對於李存信得以繼續留在美國跳芭蕾，都發生了劍及履及的作用。他自傳中曾提及第一次來美進修就被舞團藝術總監史蒂文生帶到老布希家做客，芭蕾舞團董事會的成員贈送家中所收集的古董（清代官家女眷的羅裙），另一位從事銀行投資業務的董事指點李存信應未雨綢繆去學習金融財務，以備來日維生。而其中對李存信一生最關鍵性的樞紐……當他落難中共領事館的時候，是芭蕾舞董事會的老布希夫人向布希副總統搬了救兵。李存信多年後透露，當時休士頓國際機場也加強了安全檢查，以防李存信被祕密押回中國大陸，如果李存信跳的不是芭蕾舞，他怎麼能結交這些達官富人？誠然李存信飛黃騰達的大前提，主要因為他舞藝超群，受人賞識之故。

戲夢般的人生

同樣是一篇以芭蕾舞星李存信為主題的專訪，緣於時間、空間的因素和記者的取角而呈現不同的面貌。我第一次做李的訪問壓根沒想到要質疑他的「成功」是否含有「偶然」的成分？因為精湛超群的芭蕾舞藝必然出自日積月累的苦練。一九九一年的那次採訪是一篇通盤性的報導，舉凡他的來美經過，事業、婚姻和家庭生活，幾乎無所不談，恰逢他雙親從大陸來探望愛子，同一時間我見到他的妻子和長女蘇菲，包括了全家老中青三代，還聽到他澳大利亞籍跳芭蕾的妻子帶著濃重的山東口音叫她婆婆：「娘」，格外讓人感嘆戲夢般的人生！那篇近五千多字的報導〈山東來的芭蕾王子〉由臺北中央日報採用，刊載於一九九一年三月的副刊版面。

多年後又在兩次公開採訪場合見到李存信，一回是二〇〇三年，他自澳大利亞來休士頓舉行《毛澤東時代的最後舞者》新書發表會，同時出現在會場的有他的妻子和三個子女（添了一雙兒女），及他的恩師史蒂文生。另一回是二〇一一年開春四月他再度到休士頓宣傳由書改編的電影，那次在城區首映會中有休士頓芭蕾舞團的幾位知名舞星，李存信投奔自由時、伴他進出中共領館的美國律師查爾斯・福斯特（Charles Foster），前芭蕾舞團董事會主席彼得・康威（Peter Conway），彼得從事銀行業，一直鼓勵李存信結束舞蹈生涯之後，從事財務投資。最令人意外的是三十年前坐鎮休士頓聯邦法庭的約翰・辛格頓（John Singleton）法官，他所寫下的釋放令，讓查爾斯拿到休士頓中共領事館，以助恢復李存信的自由之身。當天正是辛格頓的九十一歲生日，放映會結束後，律師查爾斯向在場觀眾特別介紹辛格頓法官，立即響起如雷掌聲。

初擁「屋」與「車」

一九九一年我第一次訪問李存信的時候，他已擔任休士頓芭蕾舞團的首席舞星八年，與第二任妻子結褵五載，育有一女，無論事業和家庭生活皆春風得意，因為家中人口增加，所以在同一住宅區換了一棟較大的房子。李存信第一次買房是一九八五年參加在日本舉行的國際芭蕾舞大賽，獲得銀牌的獎金作了頭款，因此實現了資本主義社會成員的第一個夢。隨後他通過駕照考試，購買一輛二手的豐田汽車，史蒂文生和他開玩笑說：「共產主義造就了最好的資本家」，自他選擇留美後的六年之間，和家人斷絕了音訊，時時想念雙親和兄弟們所住的簡陋屋舍，他因自己擁有的房子汽車感到內疚。

李存信婚後所買的第二棟房子，亦位在休士頓東北面的 Hights 區，它與休士頓百年前建市時一同開發，歷史較久，許多文藝工作者聚居於此，因為它距離城區的藝文活動地點和戲院區不遠。那時我從報上閱讀經濟新聞版面得知：若干追趕「復古風」的年輕一代，熱衷購買該區維多利亞式的舊房子，加以裝修，不但具環保意識，顯示品味，而且日久天長也附加經濟效益，是一項好投資，但是第一代的華人移民疲於稻粱謀，鮮有人為擁有歷史性的舊屋而作如此花費氣力的投資，李存信告訴我他擇居 Hights 區，完全是為了練舞和演出的便利。

問起他生長大陸農村何以被選去跳芭蕾舞？李存信記得那是一個大雪天，在小學的課室裡，沒有爐子，冷得不得了，棉衣包得圓鼓鼓的，突然出現四位中央派來的代表，正值文化大革命，替中央舞蹈學院選學生，要以工農兵子弟做基礎，需「根正苗紅」，不要地主的孩子，他們在班上四十多個學生當中選了一個漂亮的小女生，就在四人離開教室前往校長室的時候，班上老師指著我向中央代表說，你覺得那個孩子怎麼樣？結果我也被帶進校長室，共有十來個學生被上級領導拿出尺來量，量上身和腿的比例，腿的軟度，李存信被指令把腳提高到筋骨似乎被撕裂的程度，為了好強好面子，被詢問痛不痛的時候，勉強擠出笑容說「不痛」。

走進舞蹈世界

除了嚴格的體能標準和身材，天生的長相，和父母叔姨及祖父母的高矮，都在考察之列。李存信另一個優越條件是「三代紅」，經過嚴格的政治審查，發現李存信曾祖父就是農民，符合「紅色接班人」的培養條件。那一年從北京選出三人、上海二十五人、山東十五人和內蒙一人，一共四十四名，李存信為其一，他十一歲獲選後就離家赴北京舞蹈學院習藝。

他印象最深刻的是，一到學校就可以吃飽飯，因為年輕孩子跳舞需消耗體力，早上有蛋有水果，鎮日接受軍營般的訓練，綁沙袋壓腿，腳尖旋轉行走，直到兩腳麻木，全身汗水濕透，除這兩樣基本功，還學習音樂、文化和政治課，最初的兩年特別想家，但不敢告訴同學，晚上抱著母親做的被子，蒙頭暗自流淚，一點也不喜歡芭蕾，成績平平，只擔心被開除，給家人丟臉。

但是到了第二年的下半年，學校來了一位蕭老師循循善誘，多方面對他關注、開導，常用溫和鼓勵方式帶他走進芭蕾舞的世界。直到二〇〇三年我讀到他的自傳《毛澤東時代的最後舞者》才發現李存信決心把舞學好，除了蕭老師，另外埋伏著根深柢固的農村青年出外尋夢的糾結。李存信目睹他二哥向父母爭取前往西藏求發展，但爹娘為了不失去家中一分勞力，需要二哥的收入來貼補家用而未應允。此一糾結透露了農村生活的悲苦和前途無亮。

有一件事發生在他寒假從北京回家過春節的時候；二哥騎著父親的自行車到火車站接他，回家的路上李存信一路抱怨不喜歡離開家的日子，但二哥聽說六弟有機會走過北京的街道，爬上長城、遊十三陵、紫禁城和天安門廣場，見過毛主席的老婆江青和有飯有肉有水果的伙食，令二哥羨慕不已。

二哥又問他為什麼恨學校的生活和老師？李存信說「他們很惡劣，有些一直對我們咆哮。」二哥對他說：「你沒聽說過良藥苦口嗎？如果你很優秀，他們就沒有理由罵你了。」李存信坦白承認：「他們罵我時，我沒法集中注意力，只想回家。」

農村都市之別

提到「想回家」，在家做農民的二哥非常吃驚，他說：「看看我的皮膚，再看你的，只有一年你就變白了，我變得更黑了，農民的工作是最低賤的，這是我第一年在田裡工作，我已經恨透了，這是不用腦的工作，我身上除了泥巴就是汗臭，我的回報又是什麼，每天掙的錢還不夠餵飽自己，這是你要的生活嗎？……不要告訴爹你想家，千萬只跟他們說你在北京的好事。」

李存信和二哥的這番對話是我所讀到對中國農村生活最赤裸裸的描寫，兩個出生同一家庭的兄弟，哥哥被困井底，弟弟正有機會跳出這口深井，前往城市發展，讓人感動的是純樸赤誠的手足之情：哥哥毫無妒嫉之心，勸弟弟要把握機會，追求美好人生。

待寒假結束，二哥送他到火車站的途中，向弟弟道歉不應讓他看見自己和爹娘爭吵的一幕，二哥又抱怨「我在農村有什麼前途？難道一輩子我就該待在田裡？」一心想望「西藏是我唯一的機會」，李存信十分同情二哥的處境，但也能瞭解父母不放二哥遠行的苦衷，他坐在返校的火車上有了結論：「這趟回家澈底破滅了我對農村生活的幻想，只有專心一意努力跳舞。」

【第二章　奮鬥】

返回北京舞蹈學院，他決心努力練習；早上五點鐘，當別的學生還在睡夢之中，他就腿上綁了沙袋，開始在四層水泥樓梯上下來回跳，晚上當其他孩子已經入睡，他點著蠟燭在舞蹈練習室一圈圈地旋轉，有時犧牲午睡的時間練習平劇武功。他經年累月的努力得到師長的讚許，終於成為班上的尖子。勤奮苦練的結果也是他日後跳槽美國舞臺的大優勢。

一九九一春天，當我訪問他時，李存信的雙親正在休士頓探望愛子，恰巧賜我良機，讓採訪內容格外豐富；李老太個性爽朗，口才好，李老先生沉穩寡言，可以看得出李存信承襲了二人外貌和身材上的優點，那是他獲選入京的首要條件，當細說他年幼到北京學芭蕾的經過，李母在一旁補充：

「我的七個孩子都很孝順，尤其存信最聽話，在他十一歲離家到北京學舞之前，每天放假回家之前一定先問：娘，要不要我幫忙幹活？母親告訴他：現在沒活，你去玩吧，待會我煮飯的時候幫我拉風箱」，這小老六總是先溫書，然後趁出去玩的時候檢些枯枝乾草拿回家當柴燒。」

訪問中李存信提起在北京學藝的辛苦，李老太補充：那時聽人說，存信在學校練功時非常努力，別人休息的時候他一刻也不閒，常常努力到眼淚都掉下來。話鋒一轉，忽至眼前，李老太說，就是現在他和媳婦每天練舞後、拿回家出汗濕透的衣服，都要用洗衣機絞上三大桶。

正問答之間，我發現客廳的長沙發上有一件色彩鮮艷的小孩背心，比起手工藝店裡賣的還要別緻搶眼，忍不住追問是在什麼地方買的？李老太說我在休士頓閒著無事給孫女做的，這件漂亮的背心由多塊花布拼湊而成，圖案生動、活潑又富創意，讓人讚不絕口，轉瞬間也給李存信的藝術細胞找到了遺傳基因！後來讀李存信《毛澤東時代的最後舞者》自傳，其中第二章透露「我娘被公認是全村針線活做得最好的人之一，很多人都欣賞他的縫紉技巧。」

改變一生道路

李存信剛剛踏入舞蹈世界的時候，中共與蘇聯的外交關係尚稱友好，大陸的古典芭蕾亦蓬勃興旺，但到了文化大革命時期慘遭摧毀，他說該時期觀眾所看到的芭蕾舞劇一律是白毛女和紅色娘子軍，裡裡外外政治掛帥，皆出於毛澤東愛人江青的指導，從編劇到戲服一手包攬，江青掛名北京舞蹈學院的名譽校長，但對芭蕾一竅不通，因此文革期間的芭蕾可說是一團糟。

若放大視野，從整個中國歷史長河的角度觀察，文革期間搞得一團糟的豈止芭蕾舞一行而已？中國大陸在文革期間迫害知識分子，摧殘中國固有倫理和道德，造成文化斷層，倖有中華民國在台灣努力延續華夏民族的文化香火。

李存信所接受的芭蕾舞的基本訓練大致出自俄式 Bolshi 一派，雖然學校也有來自 Kiev 舞團的老師，他在校也研習中國民族舞蹈、武功和奇技，或許因為陽剛色彩濃厚，造成大陸芭蕾舞者男比女強，許多外國同行到大陸訪問，都對前者的印象深刻。

一九七九年，休士頓芭蕾舞團的藝術總監史蒂文生 Ben Stevenson 受邀到北京舞蹈學院授課，中共文化部告示史蒂文生是一位才華橫溢的編舞家，也是一九四九年以後，首批訪問中共的美國文化代表團成員之一，史蒂文生對幾位男生的表現驚訝不止，於是邀請兩名學生到休士頓芭蕾舞學院參加暑期訓練，北京舞蹈學院挑選了李存信和張衛強，這件事也改變了李存信一生的道路。

西方文化震撼

到達美國後，在夏令營學舞期間，李存信還經歷了一波波的文化震撼：

＊所見都是現代化高樓大廈、寬敞的街道樹木草坪，並沒看到共青團書記所描繪黑暗、腐敗和蕭條的景象。他發現在大陸十八年所受的教育和現實對不上口。

＊初到時經常擔心「階級敵人」笑容的背後藏有陰謀。尤其抵達的第一晚，李存信和張衛強被六個有錢的「階級敵人」（史蒂文生及舞團董事等）帶到餐館吃飯，主人整晚都在逗大家說笑，兩位交換學生不知應該用什麼態度應對，隨著時光移

動，才逐漸放下警戒。就在那一晚，有生以來第一次在美國的中國餐館享用到青島啤酒和北京鴨。

＊來美第二個星期即受邀到芭芭拉布希的家裡吃午飯、游泳，因為她是休士頓芭蕾舞團的董事，同時也是史蒂文生的好朋友。另一件李存信在接受休士頓郵報記者訪問時，最先提起的文化震撼是：夏令營期間他和張衛強借住史蒂文生家中，有一天早上史蒂文生急著出門開會，請他二人把髒盤子放進洗碗機裡洗一洗。結果李把洗衣粉倒進洗碗機，不料幾分鐘之內，整個廚房都是泡沫，弄得他倆驚慌失措。

＊李存信在夏令營學習時，一再被美國人享有的自由感到驚訝；有一天一位來自紐奧良市的學生看到李存信提袋上有毛主席頭像的徽章，他問：你是否喜歡毛主席，李存信立即表示他熱愛毛澤東，那學生說他不怎麼喜歡吉米卡特總統，李存信緊張地看看四周問對方：你不怕別人聽到嗎？「不怕呀，對我們的總統愛怎麼說就怎麼說，這裡是美國。」，李存信低聲說「如果我講毛主席的壞話，我會做牢，也許會被殺頭」，「你在開玩笑！」，「是真的！」

＊自上世紀六、七十年代，美國開始形成 drug culture，演藝圈間或出現明星呵藥被抓的新聞；李存信決定留美的頭幾年，又發生另一場文化震撼；在社交場合有位年輕女孩問他要不要來一些 Coke，李存信起先以為是可口可樂，後來聽說是「古

柯鹼」，他知道這玩意不好，立即謝絕。接著女孩的友人問他想不想抽菸？李說他痛恨抽菸，對方說不是給他菸，是要給他一點「草」，丈二金剛摸不著腦袋的李存信十分猶豫，但旁邊的人都向他保證「感覺會很好」，所以李就開始吸，十分鐘後不覺有異，又試了第二根，幾分鐘後像有人在敲打他的腦袋，整個人被悲傷籠罩，想到爹娘和自己在美國失敗的婚姻……，身上每個關節都作痛，不記得走了那條路，不知何時入睡，第二天排練時，身體失去平衡，好像隨時會摔倒，「那是最後一次嘗試像乾南瓜葉子的東西」。從這件誤吸大麻的事件看，西方社會處處存在著稍不留意便會失足的陷阱。對於李存信說來算是一種負面的文化震撼。

再度赴美進修

六個星期將結束時，李存信得知史蒂文生要求休士頓的張副領事再次讓李存信到休士頓學習並工作一年，這份領事館的報告獲得國內文化部的批准，對於「再度赴美的機會」讓李存信難以置信，心中十分感謝中國政府，當時認為共產主義真是太偉大了。

夏令營結束後史蒂文生帶著兩位實習生李、張二人前往華盛頓和紐約遊歷，在返回中國的飛機上，李存信感念史蒂文生熱情接待，慷慨解囊替他倆買舞鞋和緊身褲，更重要的是灌輸珍貴的舞蹈技巧，心想自己一輩子都無法報答他的恩惠。另方面李存信從來就沒有質疑自己對共產主義的信仰，但是為什麼毛主席和江青及中國政府，要對人民說那麼多關於美國的謊言，為什麼我們這麼窮？美國如此富？

交換學生回國後，文化部長改變了主意，擔心「西方」可能會對年紀太輕的李存信產生不良影響，其間發生李存信接著三天日夜到部長辦公室和官邸求見遭拒，次日李存信閱讀人民日報得知文化部長即將有南美洲之行，舞蹈學院的老師為了替李存信爭取赴美進修的機會，去向文化部副部長進言，最後由四位文化副長部長合簽的公文讓李存信成行。

然而一九八一年四月底，李存信預計完成第二次在美學習的日程，就在他回國的前一天，宣布和美籍芭蕾舞女學生祕密結婚的消息，改變了原先預定的歸期，他決定留在美國繼續跳舞。

頓時大夢初醒

李存信從第一次來美參加夏令營，獲知再有機會赴美進修時，「覺得自己從來沒有質疑對共產主義的信仰，而且認為共產黨十分厚待他這個農村來的小孩……」直到後來決定繼續留美跳芭蕾，究竟是什麼原因促使他改變主意，筆者在網路或書報上搜尋他的相關言論，希望發現當事人心裡轉變的時間之「點」，就連他的自傳也未作明確交待，直到最近才看到今年（二〇一四）二月〈故事背後的李存言〉的專訪中，李存信透露了這個轉捩點，他說：

「第二次回到美國，半年之後我就開始對以前受的教育、各方面的信念開始起了疑問，是不是我本人，包括全世界都應該走共產主義這條路？我覺得中國人實行了那麼多年的社會主義，生活還是那麼艱苦，人們還是為了一頓飯、一件衣服掙扎，這是我們想讓下一代和再下一代過的日子嗎？信念再偉大再輝煌，如果吃不飽肚子，這算什麼生活！都是空談！」

李存信接著表示：「尤其從西方往中國一看，無論毛主席時代也好，現代也好，那些黨領導的生活比普通人過的好得多，理該吃一樣的飯，享受一樣的待遇，而實際情況不然，你會突然有了大夢初醒的感覺，那時我就開始想，應該用自己的頭腦去判斷一些事情……」

毅然決定留美

當我第一次訪問李存信時，雖然事隔他抵美已經十年，但依然是敏感話題，他隻字未提前述大夢初醒的話，當時我猜測除了事件本身在大陸「政治不正確」，他還有六位手足及高堂父母在山東省過日子，因此拒絕回答和它相關的任何話題，使我不得不使用調查性新聞的做法，前往圖書館查閱報紙檔案資料。

根據英文休士頓郵報一九八一年四月三十日的第一版頭條「中共舞者獲釋」的新聞所記載，來自「中華人民共和國」的芭蕾舞生李存信被該國休士頓領館強押二十一小時後，於昨晚（二十九日）獲釋。

新聞全文如下：

「現年二十一歲的李存信於週一（四月二十七日）和休士頓芭蕾舞生伊利莎白・麥基祕密結婚，並且希望留美繼續舞蹈生涯。

李存信在進入領館申訴他結婚請求時，共有八位與舞團有關的人員陪他一塊入內，其中包括他的律師查理斯・福斯特、舞團藝術總監史蒂文生，李的新婚妻子伊麗莎白、休士頓芭蕾舞團董事會主席約翰・寇克蘭、前芭蕾舞團董事卡特夫婦、和休士頓芭蕾舞校校長等。」

「星期二早上九時一刻，雙方初步交談後，中共人員表示要把李存信叫到另一個房間單獨談話，當時李抗議若沒有律師跟隨他將拒絕入內，於是在當日下午有三個領館人員將李強行押離會議室，而移入另一個房間。」

聯邦法庭申令

「星期三早上，休士頓聯邦法庭出現一宗告訴狀（新聞中未列名是誰遞的狀子），要求釋放李存信，法官辛格頓令中共領館在週五早上之前帶李出庭，並且申明限制他人身自由的理由。到了星期三下午六時，李步出領館大門，這道法官的限令也就不解自除」同一新聞指出，美國務院發言人費雪說，李案是當日美國務院和中共華府使館之間「緊急溝通的話題」，中共使館在週三下午傳話給美國務院，李可自由離開休士頓領館。

多年後李的自傳《毛澤東時代的最後舞者》透露，身在白宮的副總統老布希接通了中南海的電話，他向鄧小平求助，事後老布希告訴李存信，鄧小平對「叛逃」一事表現得十分開明，鄧說這件事要尊重李存信的選擇。

筆者以為鄧小平早年留學法國，對於西方文化裡「追求自由」一事了然於心，再加上一九八一年正處「改革開放」的勢頭上，中美的商貿及投資關係也順暢無礙，兩相權衡之下，鄧小平自然選擇漂亮放人。鮮為人知的是：李存信的私人律師查理斯．福斯特當時還接到國家安全顧問李潔明從白宮打來的電話，詢問磋商進度，就連雷根總統也風聞此事。

依法律程式，李存信得以留美，是因為他和美國女子祕密結婚（中國也承認國際婚姻的效力），非屬投奔自由Defection，其實李決定留在美國繼續跳舞一事，正沿襲自一九六〇年代以來，共產主義國家芭蕾舞者投奔西方社會的傳統，他與蘇聯的紐瑞耶夫等轉身縱入資本社會舞團的目的相同；一則追求藝術上的表達自由，再則西方經濟條件充裕，在劇目編舞和其他多種元素的吸引之下，共產政權很難責備佼佼舞者反身飛騰而去！

做尖子立榜樣

李存信移步美國芭蕾舞台之後，深感在西方社會，無論做那一行，只要肯下功夫，成功的機會就比較大；一九九一年筆者訪問他時，李存信回頭看自己所跋涉的芭蕾之路：「十一歲被挑選出來跳芭蕾，當初很不喜歡，一心想唱歌或平劇，兩年後開了竅、就非常努力練習，目的在把舞跳好，別人吃十分苦，我就吃二十分，因此成為班上的尖子。」

「做尖子」就必須樹立好榜樣，在感情生活方面，學校規定二十二歲之前不能結婚，因此也不許交女朋友，當時也曾私下喜歡過幾位舞蹈院的女生，但身為「尖子」，便絕對不能表現出來。「即使和女生搭擋練舞的時候，各自從舞臺的左右兩端跳到中央會合，連手都不能放在她的腰上。」

「因此來美結婚以後，完全不知如何處理男女關係。」李存信告訴休士頓紀事報的一位記者，他「第一次婚姻純粹是少年羅曼史無奈的一折（a desperate act of youthful romance），如果不是當時有歸國期限，大概也不會趕在行期的兩天之前結婚。」他還強調：「伊莉莎白是生平第一個接觸、而又愛戀的女子，後來她到奧克拉荷馬舞團工作，而我留在休市。」夫妻相隔千里，終而導致離婚一途。

再結人生伴侶

此後他下定決心，絕對不再和同行結婚，但一九八五年當他遇到瑪麗・馬凱瑞（Mary McKendry）以後，這個決心便開始動搖；澳大利亞籍的馬凱瑞原在倫敦芭蕾舞團工作，一九七九年她還隨團到北京表演，那時李存信正準備畢業公演，二人曾經擦肩而過。一九八五年她年受聘為休市舞團的首席女星之一。

一九八六年一月二十八日，他們一同到華府甘迺迪中心首演史帝文生所編導的「神奇滿洲大佬爺」，因原定女主角珍妮派克足傷，臨時由瑪麗代替上場。李說，當他跪在舞臺上仰視馬凱瑞的時間，突然發現對方如此性感而有魅力，因此戲中追逐女主角的飛躍和騰空動作，一點也不吃力。「我知道她喜歡我，但不確定是不是願意嫁給我，原以為她會拒絕，沒想到瑪麗說了Yes。」

結婚三年，他們生了一個漂亮的寶貝女兒——蘇菲，如果你看過「機器戰警第二集」（Robocap II），她正是片子裡華裔女演員陳燁懷抱的嬰兒。陳燁的夫婿 Charles Foster 自始擔任李存信的私人律師，後來被推舉為美國亞洲協會德州分會主席，兩家因為華洋聯姻的情況相同，做了彼此婚禮上的男儐相，而且孩子們的年齡相仿，遂結為通家之好。

談論人際關係

多年後，李存信在〈故事背後的李存信〉的專訪中提起他初到西方社會，常有幾分防人之心，那年代中共政府經常告誡出國人民的一句話：「堅決不要讓資本主義腐化你，瓦解你社會主義的思想」，根據他自身的經驗：在西方過日子，人與人之間的關係不存在政治上想利用你這一說，他發現如果美國人喜歡你的藝術才華，他喜歡你這個人，就會全力幫助你，希望你發揮潛力，把你的才能變成藝術的瑰寶，「不管你是社會主義國家來的，或是西方社會來的」。

李存信表示他在休士頓交了幾個特別好的朋友，感覺到他們是真心喜歡信任我這個人……李存信因此就放鬆了原來的警惕之心，他覺得在總體上，人與人之間的關係在西方比中國大陸要簡單得多，緣於政治上的因素，在中國會複雜一些。那位記者追問他，你覺得現今還是這樣嗎？李存信說，現在比以前好一些，但還是有這樣的情況。

他在休士頓中共領事館滯留的二十一小時期間，曾有芭蕾舞團同事、中外友人通宵達旦守候領館門外，再看有人替他迅速到法院遞狀子的種種細節，除了一般美國人熱心助人的一面，主要惜才愛才之故。日後李存信在芭蕾專業的努力和表現，也不負舞團和相關人士對他的愛護和期望。

李存信加盟休士頓舞團兩年之後，紐約芭蕾舞團曾遊說他跳槽美國東部，但是李說當初他需要幫助的時候，休士頓芭蕾舞團義盡仁至，所以他在美的舞蹈生涯一直固守休士頓，為了強調這番意思，當回答我的問題時，用了「必須 Loyal」的英文字。以後有關遊說他跳槽的事，又發生兩回。

在一般印象裡，美國東海岸人文薈萃，該地區歷史文化自歐陸移植的時間較早，芭蕾舞一行的根基也厚，如能進軍紐約，就如同京劇名角在北平粉墨登臺，換言之，李拒絕跳槽東海岸的舞團，也放棄了另一個在美國展放異彩的機會。

擅長多種媒體

李存信得以經營多采多姿的一生，除了跳芭蕾，還做了一位成功的股市投資主管，寫了一本英文暢銷書，做勵志演說家，並參與籌攝自傳影片的工作，回頭又擔任芭蕾舞團藝術總監，是一位擅長多種媒體的奇才，媒體的種類包括：肢體表演、平面印刷媒體、電影媒體（參與顧問工作）、及口語傳播，每項技藝所用的技巧不同，但是他最初到西方社會打天下的功夫全在「芭蕾」一道，古人所謂「千里之途，始於足下」，這八個字用在李存信身上，再恰當也不過。

他足下功夫是如何練成的？李存信在進入中央舞蹈學院六年之後（十七歲），經過不懈的努力和苦練，他的彈跳功夫有了長足的進步，那時候為激勵自己朝既定目標前進，他在自己的一雙舞鞋上寫了一個「飛」字，此時蕭老師對李存信的「旋轉」之功，提出更高的要求，當其他同學按常規每日練一回「旋轉」，李存信則每日練習五次；譬如一起床後課前練，課堂上練，午睡時練，下午排練時再練，晚上睡覺前練第五次。後來蕭老師提醒他「過去聽說過有人一日練三次，已是最高記錄，從來沒聽說練五次的，」他告誡李存信「也要注意健康，因為來日方長」。

有一回李在做「後空翻」的時候，以為背後有人接應，不料轉身撲空昏倒在地，摔傷之後，同學的家人帶他去按摩，找到民俗治療師才得復健。由於他求好心切，用功勤，日後續有受傷事例，他在退休前曾細數全身各處受傷的情況。西諺：羅馬不是一天造成的，每項輝煌成就的背後，不知摻合多少心血和汗水。

另有一位老師告訴李存信，「大腿太粗，永遠當不了主角」，為此李沮喪一陣，他「甚至用塑膠料帶子裹纏大腿，讓大腿多冒汗，而變瘦一點。皇天不負苦心人，果然一九七九年舞蹈學院的畢業演出《天鵝湖》，李存信被選派「王子」的角色，接著史蒂文生來北京授課。

東西芭蕾技「異」

初識史蒂文生，是李存信接觸西方芭蕾舞技巧和方法的啟端，在他自傳的十七章，形容史蒂文生教授的跳法簡單、從容，強調動作的輕鬆和流暢，李在一九九一年接受我的訪問時提起：「在北京舞蹈學院畢業的時候我是班上的尖子，不過僅限於基本功，來到休士頓芭蕾舞團跟史蒂文生學習以後，在藝術表達方面進步很多，經過好長一段時間我才逐漸瞭解，先有了感情，而後技巧才跟著來。」翻看休士頓芭蕾舞團的演出劇目和歷史，史蒂文生讚揚李存信聰敏苦幹，他任舞團總監時，所編的大多數舞劇都由李擔綱演出，有幾齣舞甚至為李量身打造。

在〈故事背後的李存信〉專訪中，李存信再次談到「藝術自由」的定義；根據他的體驗只有在「自由」當中才能追尋「美」，表演者可以全力去創造難得一見的東西，就以他自己的經驗來說，從中國大陸到了西方，可以說是一天一地的感覺。

譬如他在大陸跳舞時必須從政治觀點出發，即使是演一隻天鵝，演出之前必須先批判資本主義的題材，譬如資本主義的天鵝如是這般，然後再表演屬於社會主義的天鵝。如此從藝術之外的因素衡量，就是怕在政治上出什麼問題，事事以政治為先。

李存信接著訴說他自東而西的過渡期；他說，因為我從小到十八歲接受的教育就是地地道道的社會主義和毛思想，那時候對社會主義的信念特別強，時而在藝術上出現衝突，譬如去教室練功的時候，如果練得太多，就沒有時間去學習毛思想語錄，人家會說「這個人只專不紅，思想有問題」。所以我練功時就偷偷摸摸去練。但是到了西方，我練功，人家都很欣賞，還把我當作榜樣 role model，一開始很不習慣，心裡覺得是不是我做了什麼錯事，是不是有點不太正常。但這個過渡期並不長。

他隨後做了一個很有意思的對比和假設；如果這個過程往回走，換作從西方到東方的話，那差距就太大了，他說這個過渡期會非常長，也許一輩子都轉不過去。

關心傳統文化

一位來自上海，文革前畢業於北京舞蹈學院的沈敏生女士，在八〇年代中期的休士頓華埠開辦一家舞蹈學校，那時李存信已在休士頓芭蕾舞團陞任首席演員（Principal Dancer），舞出一片天空。一九八八年，沈的舞校舉行第一次舞展，李特別使用休士頓芭蕾舞團的公函信紙寫了一封道賀的英文信，讚揚「你的芭蕾舞學院不僅做到了一般舞蹈界為之努力追求的目標，繼承傳統的芭蕾舞藝術，……而且感激你為傳承我們的文化而教導學生中國古典舞蹈和音樂，只有這樣才能使我們的傳統得以薪盡火傳。」這封信顯示李存信加盟美國舞團以後，仍然關心傳統的中華文化和藝術。一九九五年李存信舉家遷往澳大利亞，沈敏生在舞蹈學校為他舉辦了一個規模不小的歡送會。

沈敏生以行家的眼光指出，李存信的基本功紮實，身體的「軟度、力度和彈跳」超乎尋常地高，譬如芭蕾舞者在臺上的「旋轉」通常是四、五個，但是李存信可以乾淨俐落地旋轉六次，他協調肢體的技藝已登峰造極，是一位世界級的舞星。

既然進階世界級的舞星，當李存信移植美國芭蕾舞壇之後，充分擁有追求藝術的自由，筆者問他「那麼在專業的路途之上，當你置身美國芭蕾舞台，還遇到什麼樣的困難？」李存信說，通常不是選角之類的問題，而是表演過後，同事一起看錄影帶，自己情願閉眼不看，因為「我是自己最嚴厲的批評者」，他解釋這種個性有長也有短，長處是可以督促自己進步，短處是自己的信心不夠，有時會影響演出水準。

除了對跳舞的執著愛好，他還透露從小就對數字好奇，也想學習一點新東西，因此他在一九九〇年開始就到社區大學選修會計課，同班發現他是芭蕾舞星以後，都和他半開玩笑地說：「你不用來上課囉，將來你怎麼會轉行做會計呢。」

李存信身為一個資本社會知名的芭蕾舞星，也付出做名人的代價，每日除了練舞，還有推辭不完的宴會和演講，早在一九九一年他就感喟「自從有了小孩以後，便儘量減少社交活動，否則蘇菲（大女兒名）就變成沒有爸爸的孩子。」以前所喜歡的滑雪運動，也難得有閒繼續，只有退而求其次看個電影或游個泳，也好在忙碌生活當中得到調劑。

長女蘇菲耳疾

蘇菲出生於一九八九年，大約在十八個月大的時候，發現她有聽力障礙，待診斷確定耳聾的十天之後，他的妻子瑪麗決定犧牲首席女舞星的專業生涯，全力教女兒說話，李存信在舞蹈中失去妻子做伴侶「好像失去自己的影子，花了很長時間才恢復過來」。李存信在自傳的一篇後記中寫道：「我們因女兒耳疾所經歷的痛苦折磨，是無法用恰當的言詞來描述的……」

到了一九九三年，李存信夫婦獲悉澳大利亞發明一種耳蝸移植手術，又叫人工電子耳，夫婦倆考慮再三，決定給女兒進行這樣的手術。加上李存信妻子的娘家居住墨爾本，以常情推理，長女耳疾需家人扶持是促成他決定在九五年加盟澳洲芭蕾舞團的重要原因。不意李存信遷移澳大利亞以後，另創事業的高峰，出版了英文暢銷書，還依此拍攝電影，在澳大利亞創下票房佳績，並當選「全國模範父親」、「年度風雲人物」等榮譽。

當一九九五年李存信離開休士頓芭蕾舞團之前，該團獲邀到中國大陸演出，李在北京開始學習芭蕾，而其美國的表演生涯將在北京劃上句點，格外讓他覺得意義不凡，他和著名女芭蕾舞星珍妮柏克所合演的《羅米歐與茱麗葉》，也是他最喜愛的劇目之一，由中央電視台向五億中國觀眾作實況轉播，他家中兄嫂和親戚共有三十餘人從青島搭火車前往北京觀賞，而展現他在西方十六年所取得成就的演出場地，正是他一九七九年離開中國前演出《天鵝湖》的劇場。中國人所謂衣錦還鄉，可略盡其情。

遷居澳大利亞

遷居澳大利亞之後，李存信一共跳了三年半的芭蕾，他在自傳的後記中指出，「有些最令我滿意的演出，是我在澳洲芭蕾舞團中出現的，在藝術和技術之間取得完美的協調，令我感到非常滿足。」這段話對照早先採訪他時，李存信自述對舞藝的嚴格要求，似乎已臻「求仁得仁」之境。此時他被澳大利亞文化部選聘為聯邦藝術委員會委員，一如聘書上所說，李存信讓澳大利亞芭蕾舞團的整體水準更上層樓，在國際間贏得很高的聲譽。

天下沒有不散的宴席，芭蕾舞的表演受制於年齡和體力，李存信在三十五歲之年開始計劃退休，三年後（一九九九）功成身退，二〇一四年二月他接受華文媒體訪問時追敘：「那時候身上因跳舞而受的傷也不少了，除了腰以外，膝蓋也開了刀，肩膀上的舊傷也愈來愈疼……」因九〇年代初期就在休士頓選修夜校的會計課，再加上芭蕾舞團董事會有兩位董事專業財經與股票，若有疑問便移樽就教，從那時起李存信開始做股票投資，成績不惡，他在二〇〇三年七月接受香港明報的一篇訪問中提起，他在休士頓初試鶯啼所買的第一筆股票在半年之內翻了三倍，因而增加了他的自信心，於是再接再厲從事房地產的投資，數年之間，當他離開休士頓的時候，已擁有十幢房屋。

所以到了澳洲之後，就計劃在這方面繼續學習，經過幾番網路上的搜尋，找到一家財經大學，可以參加遠程教育（Distant Learning），於是邊學財務邊跳舞，兩年半之內得到金融方面的學位。事有湊巧，有一回跳舞腿傷，就拄著拐杖前往澳大利亞ANZ股票交易中心公司聽講，聽了好幾回，他請教ANZ經理：像我這樣的人，退休之後能不能在貴公司找到工作，這位也喜歡看芭蕾的經理說：我們現在就可以聘請你，經理接著解釋，像你這樣在藝術上取得這麼大成就的人，必定有頭腦、刻苦努力，才能得到這樣的成績，經理說：做股票及任何其他企業，也需要這些因素，如果你肯花一些時間把這些因素轉移到財經方面，你一定會做得成功。

扮牛、熊與天鵝

當李存信告訴舞團團長準備轉行的消息，團長說我們還需要你，我們所安排的大戲你都是王子，你怎麼能走？李存說他已經跳了二十年，算是長的了，團長說能不能一邊跳舞，一邊做股票？

從團長提出的要求看來，李的體力足以繼續勝任一段舞者生涯，不過李存信在二〇一一年一篇 Map 雜誌的專訪中透露：他在美國跳舞時，曾看到心目中偶像之一紐瑞耶夫（Ruldolf Nureyev）臨去秋波（退休）之前的表演，它抹去腦海裡對於這位偶像的美好印象。從那一刻起，李存信就決定在自己顛峰狀態收拾舞鞋。

在最後十八個月的舞蹈生涯當中，他雙管齊下，一邊跳舞，一邊做股票，名符其實地蠟燭兩頭燒；每天早上五點半起床，開始練芭蕾，八點到股票市場，做到中午十二點到劇場排練，晚上演出，雖然很累，但是跳得很開心，做股票也得心應手，學到很多東西。那時澳大利亞的「墨爾本時報」風聞此事，做了一篇特寫，稱李存信白天裡做熊（Bear）做牛（Bull），晚上到劇院化身天鵝（Swan），在這段期間，ANZ 股票中心的老闆看好李存信敏銳的投資能力，安排在他沒有演出任務的時候每週有三個半天坐鎮股票公司，舞團和股票公司兩方面都付給他全職的薪資。到了一九九九年一月澳大利亞第二大股票公司 Johnson Taylor 邀請李存信加盟，並為他設立亞洲部，聘請他擔任亞洲部的經理。

【第三章　豐收】

就像許多轉業的人一樣，李存信在日常作業方面順利踏入新領域，同時心理上也相信這是一個正確的決定，但卻在身心兩方面感受一種挫折，「因為數十年來芭蕾舞已溶入你的生命，變成你的最愛，突然之間要放下它，遠離它，讓人感到難以割捨……」在別人眼裡順利轉業的過程，但私底下酸甜苦辣交織的感受，豈是外人所能想像。李存信在這樣的心境之下，開始另一種創作：寫自傳。

為誰提筆寫書

李存信在二〇〇九年的一次訪問中回答一位名叫 Margaret 的澳大利亞廣播記者，為什麼要提筆寫書的緣由，李解釋：「我從來就沒有想寫自己的故事，早在一九八一年我決定留在美國之後，就有英美電影業、電視公司和百老匯舞臺界邀我扮演自己的故事，接著又有作家要求合作寫書，那時李存信自認年紀還輕，事業尚在發展之中，人生的故事還沒有定型，有什麼好寫的？」立刻回絕。

到了一九九九年李存信完全結束芭蕾舞的生涯，和一群朋友及家人到墨爾本附近遊歷，朋友當中有一位澳大利亞的童話書作家Graeme Base，他知道李存信的人生經歷，就再次勸說李把自己的故事寫下來，一如往昔，李說「沒什麼好寫的」，Graeme說：「這不是為你自己寫，你的故事可以給人希望、勇氣和鼓勵，這就是我所說的為別人而寫。」李存信寫了幾篇傳給企鵝出版社，主編覺得有分量，於是請一位資深女編輯從旁協助，李存信和社方都認為作者的親身經歷是書的骨幹。

許多愛好寫作的人都知道：手裡握有好材料是一回事，但如何把它寫得讓人喜歡讀，甚至變成暢銷書，又完全是另外一回事，全球每年以英文出版的書籍何止萬千，像李存信以生活素材所寫的《毛澤東時代的最後舞者》（二〇〇三在澳大利亞首先付梓）隨後又在世界上三十餘國出版，英文版在澳大利亞連續一百三十週排列暢銷榜的前十名，並濃縮為插圖的少年版，取名《農夫王子》（Peasant Prince），教育部列為中小學讀物。它所獲的獎項在澳大利亞有：全國圖書獎、尼爾森獎（Nelson），美國克里斯多福獎（Christopher），並入圍美國自傳作品獎，二〇〇七年有了中國大陸的簡體字版《舞遍全球》，由文匯社出版，二〇〇九年七月台灣時報出版社以正體字版《毛澤東時代的最後舞者》在台問世。

二〇一四年六月中旬，澳大利亞的聯邦音樂廳（Federation Concert Hall）有一場《農夫王子》的古典音樂會，是由 Tasmanian Symphony Orchestra 演出，出自作曲家 Katy Abbott，依李存信的自傳編寫而成，再配以舞臺布景圖畫，成就了從「文字」轉換而成「古典音樂」的另一佳話。

出自農民心聲

李存信在電視訪問中透露，他看書非常用心，經常留意作者用什麼寫法打動了讀者的心，他下筆寫自己傳記的時候找到了一個「簡樸、真誠」的農民心聲，整整寫了一年，不休假，沒有週末，有時半夜醒來，打開燈不停地寫，企鵝書局的人叫他別擔心文字，先把故事說完再作道理，結果他寫下六十八萬字，而最後留下十六萬字，刪去的部分有五十二萬字，李存信說，這本書除了寫家庭生活；父母親和六個兄弟都是重要的人物，此外有意保存中國的一段歷史，同時也希望從普通人的角度來看我奮鬥的過程，提供我的經驗，讓讀者對自己增加信心。

筆者自台灣移居休士頓逾半甲子，且兩度到李存信家中做採訪，所以先後讀了《毛澤東時代的最後舞者》的英文原著和後來的中文譯本；深感作者敞開心扉，寫出農村生長歷程，和父母及手足之愛，以及後來融入西方世界的歷程。全書平鋪直述，沒有經典的華美詞藻與文學技巧。

書中描述李存信自幼貧窮餓肚子，仍有玩不完的遊戲，這種以農村田野為大自然的課堂，和父親放風箏，和玩伴到田裡捉小動物，以及生命過程中父母親給他的愛和家庭教育，皆不分國家、種族和階級，普遍存在於地球的每個角落。難怪它被澳大利亞的中小學編寫成插畫圖書的少年版，翻譯多國文字，廣受歡迎。李存信雖然是一位舞蹈家，藉由這本書，他一舉完成了許多海外華文作家所企盼立言的夢想。

看完這本書不禁讓人思索，什麼是好書？什麼是文學？如何讓讀者獲得閱讀的喜悅？李存信自言從小不知道飽的感覺，總是飢腸轆轆。我們讀到他十一歲（一九七二年）前往北京舞蹈學院，這時文化大革命進行到第六年，江青正批鬥整肅全國的文藝工作者，殺害了無數知識分子，她要親自培養下一代的藝術家，這正是中國文化大革命的腥風血雨期，到了一九七六年毛澤東死後，江青被捕，北京舞蹈學院老一輩的藝術家幫助排練以前老牌的蘇聯芭蕾舞劇，李存信做了文革以後第一位《天鵝湖》的王子。

正因為他出自貧農之家（或許因此對中國共產黨懷有幾分感恩之心），進入北京舞蹈學院後能吃苦，肯奮鬥，後來有機會赴美進修，他寫的這本自傳，提到「村長好人」和地主、國民黨人受批鬥被處決，讓李存信心中淌血，在北京舞蹈學院也有老師受到迫害……忠厚淳樸的雙親教導七個兒子明辨是非善惡，不怨天尤人，不自暴自棄，字裡行間細數兒時嬉戲以及成長與學習的陽光面，讀者閱畢不被飢餓、窮苦和恐怖感所淹沒，和許多同一時期、同類書籍相提並論，顯露它的與眾不同之處。

究竟誰先問津

早在《毛澤東時代的最後舞者》出版之前，便有好萊塢片商前來遊說，想把他的故事拍成電影，而現代社會將一部出色的小說或傳記搬上銀幕，似乎成為一條不成文法。當《毛澤東時代的最後舞者》長踞暢銷榜以後，何時拍攝電影也只是遲早的問題。究竟誰先問津？

二〇〇五年的一天下午他坐在股市交易的辦公室裡，接線生說有一位名叫 Jan Sardi 的來電話，起初以為是一位女士，交談之後覺得名字有點熟，但想不起來是什麼人，對方很快地回答：「我是電影 Shine 編劇人，」接著 Jan 和另一位編劇 Jane Scott 找到一九九〇年獲得奧斯卡金像獎最佳影片獎的導演布魯斯・柏瑞斯福特（Bruce Beresford，澳大利亞人），他得獎的影片 Driving Miss Daisy，台灣翻譯成《接送溫馨情》，故事描述美國南方上流社會老太太和一位忠厚的黑人司機之間的故事，導演以平鋪直敘的手法，表現人性的光輝，創下叫好又叫座的佳績。

布魯斯在二〇一〇年四月二十四日接受華文工作者的訪問中表示：「做為一個電影導演，最重要的是關注他所生活的時代，尊重其他的民族和文化，善於發掘故事，把人性的關愛通過樸質和忠實的手法表現出來。」顯而易見他再次表達《接送溫馨情》中的理念。

筆者在布魯斯的個人網站上找到一篇他敘述拍攝《毛澤東時代的最後舞者》的文章，題名叫：Making the Movie of "Mao's Last Dancer"。該文說，這本書一上市就吸引了我，類似的成功例子被拍成電影的非常之多，然而李存信的故事更為兩極化，從一個貧農家庭的孩子，變成世界一流的舞蹈家，過程艱辛難以想像，成功的機遇率又微乎其微，然而他做到了，他追求藝術的毅力令人驚嘆！

拍攝前的要求

這位金像獎導演接著記述一段特別的拍片經驗；「拍片之前，我和編劇及中共文化部的官員見面，他們非常禮貌地表示，不歡迎在影片中對毛主席作出批評，第二點毛主席的夫人江青已被歷史剔除，因此不能在影片中出現，最後一點能否在電影裡請加以說明：

『今日的中國已經是一個進步而又充滿生氣的國家。』」

電影殺青之後，布魯斯接受一位華文媒體的訪問，他表示「這是一部十分人性化的故事，即使是那些強硬派的中國官員，我也賦以人性化的一面，讓他們成為值得同情的人。」導演對李存信的印象如何？「李存信的風度極好，待人謙和有禮，有時我碰到一些人，表面上看起來很好，可是過一段時間我就會找到我不喜歡的地方，但是到現在為止還沒找到讓我不喜歡李存信的地方，他雖然吃了很多苦，但很樂觀，也很寬宏大量，即使對那些曾經給他帶來痛苦的人與事，也沒有怨恨。」

《毛澤東時代的最後舞者》在籌拍期間，無論是選角、劇情和布景，李存信都做了顧問方面的工作，但片子開拍之後，就不再涉足，因為他生怕成為製作部門的一個包袱（liability）。自細微處觀察，這也是他與人相處進退有度，難怪敏於觀察人性的奧斯卡金像獎最佳影片獎的導演「還沒找到讓我不喜歡李存信的地方」。

美國號稱電影王國，各國的影業莫不以每年奧斯卡得獎影片唯馬首是瞻。不僅是第八藝術的發源地，而且也是數一數二的影片消費市場，晚近電子媒體如電視及網路的興起，逐漸爭食電影業的市場大餅，使得觀眾數量年年下滑，但換個角度，它也是促進影業精益求精、找回流失觀眾的一個激素。《毛澤東時代的最後舞者》在這樣的一個大趨勢之下，票房成績如何？

獲得觀衆青睞

這部片子上市以後並未獲准在中國上映，但根據李存信二〇一一年四月十三日接受美國華盛頓時報（Washington Times）的訪問時指出，它的「盜版」在北京上海等大都市都很搶手，它在澳大利亞進入有史以來電影賣座的前十二名，在澳國的票房總收入達一千五百萬美元，二〇一〇年多倫多星報（Toronto Star）記者在洛杉磯發出一則有關《毛澤東時代的最後舞者》票房不俗的新聞。

多倫多星報指出，這部電影沒有大明星領銜主演，沒有得力的影評替它造勢，不意成為本季藝術影院的寵兒（art house hit），在不到三個月時間北美賣了近五百萬美元，它在紐約洛杉磯和舊金山的票房不理想，但是在美國中部地區的聖路易市和西海岸的聖地牙哥和加拿大的多倫多市都能穩紮穩打，出現票房佳績，上演數月之久才下片。

一位電影發行公司ＩＤＰ的總裁指出，影評家說，這部勵志電影用一個基調說故事（指表達的技巧而言），但是觀眾卻用「心」（heart）去看，這部電影的大多數觀眾屬於年齡層較高者，且口耳相傳，他們特別喜歡故事主角靠著天分、毅力和決心去對抗一個專制政府，終而取得最後的勝利。倒是在測試觀眾口味的初映會上，發現它不能吸引華人觀眾，美國片商認為可能是片名中的「Mao's」產生了排斥作用，也有許多觀眾讚揚電影裡的芭蕾舞鏡頭拍得很美。

李存信在多次媒體訪問中指出，他最喜愛的電影片段是：雙親得到老布希夫婦的協助，取得中共政府的批准，於一九八四年十二月十八日第一次飛到休士頓來探望他，並且安排兩老看《胡桃鉗》芭蕾舞劇，緣因飛機誤點，無法在開演之前抵達，劇院破例延遲開鑼，李存信雙親在員警一路開道，穿越擁擠的交通，待李存信的父母親被帶進劇院時，全場響起如雷掌聲，這不單是一串電影畫面，同時也是李存信舞蹈生涯之中，最精湛的演出和最珍貴的回憶。

當選模範父親

李存信在二〇〇九年獲得澳大利亞「年度父親獎」（Father of the Year），他是該獎創辦五十五年以來第一位華裔獲獎人，過去得獎的名單包括體育明星、執政黨總理等社會名流，李存信除了是一位世界級的芭蕾舞星、暢銷書作家，而且《毛澤東時代的最後舞者》影片在二〇〇九年問世。以下是他的部分得獎感言：

＊我希望我的子女得到良好的教育，因為這是他們未來一生的基礎。
＊我所提出為人父母的最佳建議是：家人每天一起用餐，一則教孩子享用好食物，同時也可以增加相處的時光。
＊做為父母親，我最感驕傲的是：子女互愛互助，力爭上游。
＊當我的子女向別人提起我的時候，很可能會說：他很愛我們，也很顧家，是一位好廚師，但車子開得不怎麼樣。

回頭看李存信的人生舞臺，從芭蕾舞改絃易轍股票市場，因為事先取得專業知識及學位，加上他鍥而不捨的敬業精神，自然做得風生水起，晉升金融主管，但轉業後的股市交易並非志趣所在。根據二〇一三年四月十四日刊載於休士頓紀事報（Houston Chronicle）藝文版 Zest 一篇發自澳大利亞的李存信特寫透露，李說他在金融界的成績不差，但並非志趣所向，「對於我而言，芭蕾未曾須臾離去，它好像是一個潛伏的夢，希望能夠振翼再飛。」

出任舞團總監

二〇一二年九月二十八日澳洲昆士蘭省芭蕾舞團宣布延攬李存信擔任它的藝術總監，他發表感言時指出，「希望將昆士蘭舞團打造為世界上最有活力、最富生氣的芭蕾舞團，然而這條路並不容易，至少需要好幾年的光陰。」日後他將激勵、培養一批新的舞者，藉用自己的知名度為舞團引進世界一流的編舞和演員。

李存信同時宣布了首季的演出劇目，包括難度較高的古典芭蕾舞劇《灰姑娘》和《吉賽爾》，他說：「我認為古典芭蕾在技藝和藝術表現上最富挑戰性。他並且從德州請來恩師史蒂文生擔任《灰姑娘》的編舞工作，當師徒二人與眾舞者聚集大廳開始排練的時候，史蒂文生有感而發地表示，「數十年來我們走了一大圈，雖然跳的還是古典芭蕾，但是我們兩個今天換了位置，今天他發號施令，我替他打工。」這場戲外戲包含了多少天涯的知遇之恩和共有的溫馨回憶！

對於間隔了李存信舞蹈生涯的那段下海從商的日子，完全是一片空白？李存信說，金融界的工作增加了我對商業世界的瞭解和人際關係，總的來說，它對我擔任非營利性團體的藝術總監大有幫助。

相對於時下種類繁多的表演藝術，芭蕾舞如同系出名門的老大姐，一位媒體記者請問李存信：「後來問世的媒體如電視、網路與芭蕾之間的關係如何？」，他認為新媒體給芭蕾帶來了曝光度，也替芭蕾的藝術形式提供了額外的管道和延長的存在感，並且也給芭蕾帶來實實在在的收入和革新。他的理想是，從事芭蕾這行工作的人有義務把對舞蹈的愛，傳布給更多的人，同時可以用芭蕾做媒介把人與人連結起來。從以上兩段李存信的回答看，他的眼光頗具前瞻性，更是一位心胸開闊的芭蕾舞團領導。

李存信的一天

二〇一四年三月二十四日，英國廣播公司（BBC News）在昆士蘭發出了一則新聞特寫；題名是：「芭蕾總監李存信的一天」（My Day: Ballet Director Li Cun Xin），雖然是流水帳的寫法，充滿趣味性，讓人一窺芭蕾藝術總監忙碌的一天。以下是全文的摘譯：

早上起床以後就先溜狗，呼吸新鮮空氣，然後游半小時的泳，再進廚房替女兒和我自己準備早餐，隨後閱讀財經新聞，開車帶女兒上學，我自己上班。

因為二〇一四年芭蕾舞季的新劇 Coppelia 即將推出，因此排滿了和各部門主管的會議：如行銷部、戲服部、製作部，並有和舞團執行長及編舞者的會議，大家碰面交換意見，瞭解一下是否有什麼問題待解決。。

這時候已經到了早上十點，我仍舊有一些一般會議並需要和醫護組及資深藝術組面談，然後和主要舞者（principal dancers）排演，排練目前我們正上演的「舞蹈對話」（Dance Dialogues）（現代芭蕾）。大約是十二點左右，我去看看有什麼emails，或看看其他的排練。

到了一、兩點，我午飯休息，自三點到四點就對「舞蹈對話」的節目進行整個技術性的排練。到了這個階段，表演者穿上戲服，看看整個舞蹈的銜接情況，並且替晚上的表演培養情緒。

以上就是我一天的工作日程，回到家裡我時常為家人或朋友煮晚飯，一半因為中國人喜好美食，另一半也因為我母親的廚藝超好，家中兄弟受到娘的影響；有兩人開餐館，一人做了廚師。

晚餐後，有時閱讀書報，如果我妻子瑪麗說電視上有什麼好節目就和她一同觀賞。有時候吃過飯，什麼也不做，斟一杯紅酒，聽一段音樂，也十分愜意。

入睡之前我有一個讓妻子抓狂的習慣；抽空檢查海外朋友給我的電郵和電話，不論對方是不是編舞者或舞團總監，和他們交換訊息或談論籌劃未來的節目，隨後在十一時或十二時之前，我稍微靜坐（meditation）鬆弛神經，然後入睡。

展望與回顧

再看李存信接任舞團總監兩年後的成績單：若從二〇一三、一四年舞團公布的季票銷售紀錄看，李存信的成績斐然，二〇一二年他接手之前的季票銷售數字是一千七百張，二〇一三年的總數增加到四千三百張，到了第二年（二〇一四）已超出五千二百張，較兩年前成長三倍有餘。李存信表示，帶領一個像昆士蘭這樣相對較小的舞團，要比那些大型的舞團更具挑戰性，他期望將最好的經典和現代節目帶到昆士蘭芭蕾舞團，邀請全球最出色的、最有天賦的編舞者來昆士蘭一展才華，再和不同領域的藝術家（譬如作曲家和服裝設計師）合作，定期舉行國內外的公演，永遠保持創意和熱忱，如是持之以恆，相信必能達到國際水準。

曾被紐約時報評列為世界十大芭蕾舞星的李存信，他一生轉換了許多舞臺，場場令人喝采，仍有無限潛力待以發揮，他從北京跳到美國、舞向南半球澳大利亞的故事，藉著文字和電影的流傳，無遠弗屆。其一生事蹟的重要意義不在於成功的過程，而在於見證「人」如何走出那個苦難的時代，我們目睹李存信以不卑不亢的態度，追求藝術自由，捍衛生存權利和尊嚴。套句流行語：在全球化的時代，他是一位從東方走到西方，又自共產主義磨合到資本主義社會的一個典範。

（本文獲二〇一四年第四屆全球華文文學星雲獎「報導文學」，並由「公益信託星雲大師教育基金」授權使用出版）

1995年李存信受聘澳大利亞芭蕾舞團，臨行前，他舊日北京芭蕾舞校同學為其舉辦歡送會，我和外子受邀前往參加，與之合影。（照片來源：石麗東）

從「花鼓歌」到「奧斯卡」，再訪黎錦揚

二〇一六年六月，華裔知名劇作家黎錦揚年屆一百零一歲高壽，同年五月底他和北京電影公司簽約，預計把他寫的「開路先鋒」攝製影片；這位六十年前以「花鼓歌」揚名美國文壇、百老匯和好萊塢的第一代華裔作家，雖然他的讀者和觀眾漸次凋零，但是「花鼓歌」裡所述說兩代華人之間：父親想保存中國舊傳統，兒子想入境隨俗的代溝與矛盾，確實留下早期華裔移民在美國社會掙紮、適應的鮮活印象。

一九一五年出生湖南湘潭的黎錦揚先生，其人生道路如同他筆下的人物一般曲折；早在一九四〇年代初葉，他畢業於西南聯大，旋即到雲南土司衙門當英文祕書，一九四五年負笈美國，在耶魯大學取得文學碩士，努力克服英文非母語的寫作艱難，一九五六年他所創作的第一本英文小說「花鼓歌」，打入紐約時報的暢銷榜，相繼改編成百老匯的歌舞劇和好萊塢的電影。

抵美之初，他到哥倫比亞大學攻讀比較文學，當時遇見中國電影公司總經理羅靜予，勸他到耶魯大學學寫作，回國後可以替他的公司寫劇本。一九四七年他在耶魯大學畢業

後，前往聯合國應徵翻譯未果，於是到舊金山華埠一家報紙做華文記者，那家報紙原是國父孫中山先生所創辦的「中國少年晨報」，也在美國陸軍外語學校教授中文，並且到洗衣店和雜貨店打過工，嚐遍十年寒窗的滋味，但是唯一沒有放棄的是他對寫作的愛好。黎先生認為對愛好寫作的人而言，體力勞動並不是一件壞事，你可以同時動腦筋去構思故事，他說，「一個真正喜歡寫作的人。即使是餓肚子，也要寫下去」。

中文創作之起由

退休以後，他對寫作的熱情有增無減，「為了預防腦子退化，我每天花在寫作上的時間比以前增加許多。」近些年，他常在床邊、廚房餐桌和客廳茶几上都放些筆紙，譬如夜半醒來或用餐時有了靈感或佳句，便立即把它變成白紙上的黑字，以免稍後遺忘，許多寫作人或許有過隨身攜帶筆記本的經驗，這位華裔元老作家的做法確實加強了筆記的密集程度。他表示近年來寫作上的一大遺憾是沒有跟上時代節拍，使用電腦打字，他說在這方面比較懶，以前的英文書稿都是由妻子打字代勞。

黎錦揚先生在二十世紀中葉以英文小說和劇本揚名美國，到了二十世紀末（一九九五）年開始中文寫作，緣因世界華文作家協會邀請他和幾位華裔英文作家去台灣訪問，當時聯副主編瘂弦邀他撰寫一篇如何打入美國主流的文章，該文在世界副刊刊出後，他好比中學生作文得了甲一樣高興，又有人建議他寫中文小說，因為中國城有許多移民故事可寫，累積了二十多篇，出版一本短篇小說集《旗袍姑娘》，最近又把其中的故事改寫成歌舞劇，洛杉磯有個趙氏演藝中心，除了演京劇，希望加演現代歌舞劇，提供免費場地，他十分鼓勵有志演戲的華人走這條路。

說到近年的寫作成果，一九一五年出生的黎先生自二十一新世紀以來推出不少小型英文劇本，其中已在好萊塢劇場演出的有四齣：

- 二〇〇四年，演出《中國媽媽》（*Mama from China*），寫一位中國女留學生赴加州唸書，住在美國製片人家裡，母親自家鄉探女，看見製片人募款，便出主意相助，結果豐收。
- 二〇〇六年，演出《台灣女人的靈與肉》（*Body and Soul of A Chinese Woman*）主角是一位來自台灣的離婚女人，家教嚴，個性狂野，內心經常發生掙紮和煎熬。
- 二〇〇七年，演出《新疆來客》（*House Guest from Xinjiang*）一位新疆小姐住在華裔教授家裡，因為出自回教家庭，兩種文化衝突迭起。
- 二〇〇八年，演出《船屋故事》（*The Houseboat Called the Bubble*）一位美國小說家

住進船屋，遇見一位賣香水，支持歐巴馬競選總統的中國小姐的故事。

● 二〇一二年夏天完成一齣《賽金花》的歌舞劇的劇本。

黎先生表示，他一輩子寫作，並以此維生，「三成是基因，三成是努力，其餘都是運氣，但是我的運氣多過四成」。平心而論一位成功人物強調自己「運氣好」，實乃自謙的成份居多。所謂基因，即中國人常說的「家學淵源」；最近黎錦揚在中文雜誌發表的一篇〈黎家的點點滴滴〉，其中搜集黎氏家族所寫的骨肉故事，從讀者的觀點，可以將它歸類為傳奇外一章。

黎氏家族點滴

黎錦揚的祖父中過舉人，父親黎松安和大哥錦熙曾考取前清秀才，黎家是湖南湘潭的鄉紳家庭，四代單傳，到了他父母親養育八男四女，八兄弟個個頭角崢嶸，他們在文學、音樂和教育方面都出類拔萃，是地方上聞名的「黎家八駿」，黎錦揚排行老八，又是老來子，為父親所寵愛，被稱作「小八爺」，家中兄弟姐妹都隨大哥黎錦熙到北京求學打天下。

＊大哥早年在長沙教過毛澤東的書，曾任北師大的文學院長，與錢玄同、趙元任合

作發明注音字母，提倡白話文，當時毛澤東在北大圖書館做事，常來大哥家。毛有菸癮，錦熙總藉故離開客廳，讓毛拿幾支桌上菸盒裡的菸，成為黎家上下流傳的笑話。六〇年代文化革命，紅衛兵前來抄家，大嫂馬上把毛澤東的書信擺在桌上，躲過劫難，在文化大革命時期，只有大哥家沒吃到苦頭。那些毛主席給大哥錦熙的書信，如今都捐給政府做紀念。

＊著名畫家齊白石原是黎家的木匠，成名後搬到北京賣畫，黎錦揚年幼時常隨父親到齊白石家大吃一頓，他年輕的太太做得一手好菜，臨別總是得到老畫家給的紅包（兩枚袁大頭）。

＊二哥黎錦暉擅寫兒童歌劇和流行歌曲，名曲「桃花江」人人會唱，又寫了「妹妹我愛你」，被人指為靡靡之音，他寫的「總理紀念歌」為宋慶齡所提倡。黎錦暉為了提倡平民音樂，組織「明月社」，所招收歌星日後成名的包括：王人美、黎莉莉（五〇年代任北京電影學院導演系主任）、周璇、黎明健（嫁給郭沫若）、白虹（後來嫁給黎家老七錦光）、姚敏、姚莉……二哥錦暉把周璇的名字從周小紅，改成周璇，她一生灌製上百張唱片，演過四十部電影，成為歌壇與影壇的天后，一九五〇年周璇病故，是錦暉替她做了治喪委員會的主委，並扶棺送葬。

＊黎錦暉曾任上海國專校長，他女兒的一位小學同班是蔣介石的大公子蔣經國，錦

暉日後到江西工作，蔣經國特來拜訪。後來二哥在文化大革命中被江青活活整死。

＊四哥錦紓，也參加過二哥發起的「明月社」，還替錦暉管錢，後來和鄧小平一塊到歐洲留學做室友，專攻政治哲學，留學德國時官費未到，房東老太太宣稱三天內不繳租錢，就請搬家，晚飯後，鄧小平要大家把口袋裡的零錢拿出來，讓黎錦紓請房東看電影，回來後房東太太說，房租可以欠，明晚還要請大家吃酸菜豬腳。當年的同學說，錦紓雖然長得不錯，但有頭腦的還是鄧小平。

＊六哥黎錦明為左派作家，曾是魯迅的學生，很得郭沫若的欣賞，成名小說是「烈火」。

＊排行老七的錦光亦喜好音樂作曲，寫下膾炙人口的「夜來香」、「鍾山春」、「五月的風」、「香格里拉」等著名老歌、被譽為流行歌王。李香蘭唱「夜來香」成了名，返日後當選國會議員，曾邀請錦光遊歷日本，以國賓相待，老七回到中國後到處挨罵，栽進一間斗室，中間掛了一塊被單，一邊夫妻住，一邊女兒住。

湘潭八駿的老么黎錦揚，年齡最小，六歲那年就被大哥接到北平求學，高中進入教會學校唸書，提供了學習英語的環境，一九三六年他到山東唸大學；名作家老舍教他歷史，戲劇大師洪深教他戲劇，果然名師出高徒，埋下日後創作劇本的種子。次年日本攻佔蘆溝橋，他回到長沙，又跟著學校遷徙到雲南的西南聯大，一九四一年黎錦揚大學畢業跑到雲南芒市當土司衙門的英文祕書，當地居民屬擺夷族，他還幫助土司推行改革計畫。黎錦揚日後回憶這是他一生所渡過最美好的三年時光。不料寫意的日子被日軍的砲火驚醒，烽煙一直延燒到緬甸境內，土司派人把他送回漢人區。

黎錦揚回到重慶後受到大哥的鼓勵赴美留學，變賣土司所餽贈的遺散費，為躲避日本戰鬥機，他坐飛虎隊的戰機前往印度，再搭乘橫渡大西洋的貨輪抵達北美。日後他把這段經歷寫成小說《天之一角》，投到美國《紐約客》雜誌發表，廣受讀者歡迎，一九六五年譯成中文，六年後由台灣中視公司改成電視劇，名為《怒江春暖》，造成轟動。

最初黎錦揚在哥倫比亞大學攻讀比較文學，打算回國教書，恰有老同學羅靜予來美進修，勸他學寫劇本，據說當年哈佛大學有個舉世聞名的寫作班，戲劇大師尤金歐尼爾就在那裡畢業，後來發現寫作班整個轉到耶魯大學，於是黎錦揚申請耶魯，由於大哥好友趙元任的幫忙，得到獎學金，進入耶魯戲劇系。

寫作成績斐然

錦揚先生在耶魯求學期間十分努力，經常感嘆自己的英文不夠好，師長告訴他你是來學寫故事，而不是來學英文的，黎先生在校的寫作成績斐然，寫了好幾部長短劇，其中兩部曾在校園演出，一位紐約經記人觀賞之後對黎說，戲劇的市場小，何不改寫小說，這便是他跨行寫小說之始。

一九四七年，他自耶魯畢業，應徵擔任聯合國翻譯未果，隨後到洛杉磯謀職碰運氣，一邊打零工，一九四九黎錦揚受聘到舊金山的中文《世界日報》擔任助理編輯，兼寫專欄，每星期的酬勞除了管飯還有二十五元薪水，當時一碗叉燒麵的價錢是兩毛五。

那段時間他寫作豐收，應徵《作家文摘》（writers' digest）短篇小說的比賽，不意得了首獎，獲贈七百五十元，另一家雜誌也要購買翻印權，給予同樣金額，所以一共是一千五百美金。編輯打電話通知領獎時把黎先生的身分、來歷問得一清二楚，作家誤以為是移民局的驅逐令，最後他拿了這些得獎的資料申請居留權，而得以繼續在美國搖筆桿生涯。

黎先生回憶寫作的初航旅程，並沒有因為自己是一流學府的學生，而對微薄的薪酬感到不平，反而告訴筆者：「舊金山中文報社的工作對寫作最方便、最有益，因為工作量少（很可能是他手快），下午便到附近公園去想故事，望著天上的白雲，文思特別好。」

代溝與文化隔閡

花鼓歌的故事便是這段看雲的日子裡所飄遊出來的靈感，那時住在舊金山的中國城附近，腦子裡想到耶魯課堂上的老師強調「所有的戲劇都是表現不同的理念和衝突」，於是他決定以中國人兩代之間的代溝做主題。在《花鼓歌》裡創造了老頭子王戚陽，兒子王大，分別代表老派及有心西化的中國人，並以故事情節及詼諧幽默的對話來凸顯「代溝」和「文化隔閡」的雙重衝突。黎先生說《花鼓歌》在一九五六年出版以後，紐約時報的書評甚佳，立即成了暢銷書，當時經紀人打電話來，不少人要買電影和舞臺劇的版權，一家電影公司想一次付清、出價五萬元，一家舞臺劇公司則出三千定洋，以抽版稅為原則。黎錦揚誤打誤撞地選擇後者，「沒想到年輕時押的寶，竟為我打開了寫作的大門。」一九五七年百老匯的黃金搭檔作曲家羅傑斯與漢默斯坦（Rodgers & Hammerstein）將《花鼓歌》改編為音樂劇，由金凱利導演，隨後在紐約和倫敦演出了千餘場，接著由環球影片公司改編成電影，獲得奧斯卡五項題名，得了三項金像獎。黎錦揚昂然以第一本小說揚名立萬，當他重臨舊金山唐人街的時候，有花車遊行隊伍相迎，好萊塢影界知名的馬克斯兄弟（Marx Brothers）與他共進晚餐。此後他陸陸續續寫了十本英文小說，其中有多本受到好評，但再也沒有達到《花鼓歌》的受歡迎程度，尤其是第二部《情人角》，也登上紐約時報的暢銷榜，哥倫比亞大學中國文學教授夏志清認為：「這是黎錦揚最好的作品」，屬於比較嚴肅的文學，但知名度遠不及《花鼓歌》。

小說、戲劇、電影

黎錦揚以創作小說和戲劇在美揚名，當筆者一九九一年第一次在臺北舉行的世界華文作家協會訪問並請教他「究竟在創作方法和客觀條件上，小說和戲劇有什麼不同？」黎先生回答：「戲劇的表演場地只有舞臺那麼大，因此內容必然受此限制，腦中的一切想像一定要用對白說給觀眾聽，相對地，寫小說不但思想不受限制，可以洩露內心的祕密，還能夠穿插動作，譬如汽車追汽車，直昇機追火車，皆可隨心所欲，當然在這一點上電影和小說也同樣地靈活。」

他提出小說的另一個優越省力之處是寫好之後便可以交給出版商，但劇本一定要演出來，如果不演，就如同一疊廢紙，當然莎士比亞的劇本又屬例外，但古今中外又有幾個莎士比亞？

從《花鼓歌》的兩代華人的代溝，黎錦揚談到東西社會看待「從事文藝工作」的差異，他認為或許因為近百年來中國科技及槍砲不如人的心理因素，大家都喜歡子女讀理工科、學醫。但事實證明賽珍珠以中國題材寫的小說得了諾貝爾文學獎，義大利導演拍攝的《末代皇帝》也得了奧斯卡金像獎，其實中國文化中有很好的材料可以向外國人介紹。

賽金花和華工築路

黎錦揚先生說許多中國人為了「經濟上的擔保」而強迫自己的志趣，似乎歸因於「歷史的包袱」，他希望今後海峽兩岸的中國人在社會較為富裕之後，能夠放下這個包袱，注重「物質」與「精神」的均衡發展。依他之見，中國人的故事當中最適合拍攝國際性影片題材的有兩個：一個是八國聯軍與賽金花，另一個是中國移民參與加州掘金及修築鐵路的故事。

他曾透過多方面的管道，在一九八〇年代探問海峽兩岸的電影主管是否就這兩個題材願意和美國人攜手合作，他發現帶美國朋友到大陸談投資合作，地主非常熱心招待，然而大吃大喝之後便不見下文。於此期間，他也曾不止一次帶領外國朋友到台灣，一經投石問路，電影工作者十分樂意參與，但投資老闆認為妓女（賽金花）的名目不好聽，有辱國體，另外一則華工開鐵路的題材，黎先生安排了一個中國寡婦和美國人談戀愛，當時一位電影主管認為這是讓中國人到國際獻醜，於是建議修改劇本，叫寡婦自殺，黎先生帶著詼諧的語氣說：「先把我故事裡的女主角殺了，這齣戲還如何演下去？」

黎先生指出，西方人常以妓女題材在影展中得獎，或創下票房紀錄，他們很少用道德或丟臉與否來決定取捨之道。其實演妓女就代表丟臉，也是見仁見智的問題。他說過去洽談投資對象都是官方，時而發生一、兩人操生殺大權，而無回轉餘地的情況，現在資本家的數目增多，一般中國的企業家仍守著老觀念，以為文化投資大多虧本，孰不知品質優秀的幾捲影片帶子不僅可以一賣再賣，同時還能夠產生文化上的影響力量，應該趕上文創時潮。

文創業之今昔

二〇一二年筆者第二次在洛杉磯重訪黎錦揚先生，他從文人的立足點上再度呼籲文人一定要和企業家合作，黎先生提起前香港影業大亨邵逸夫曾經說過，搞文藝要有兩個「本」字，一個是劇本，一個是資本，邵先生不會寫、不會演、不會導、可是他做了東南亞的影業大王，就因為他是有眼光、有資本的企業家。在美國有數的大媒體公司當中，只有華特·迪士尼是文藝人，創辦公司之後，交由企業家經營，自己仍舊用心創作，其他大公司如 News Corps、Viacom、Time-Warner、Universal、Sony 等都由企業大亨來操作，他們擁有美國最大的影視公司，電視台和出版社等，都是他們的主顧，文藝人都替他們打工，替他們賺錢，這證明藝人必須和企業家合作，才有出路，黎先生認為有些華人對於文藝事業的態度必須改變，不能把搞文藝的永遠看成不和外界接觸的窮秀才。

黎先生的家庭生活美滿，妻子 Joyce Lacky 史丹佛大學英文系畢業，早先從事小說創作，曾經出版過四本愛情小說，因為書商事先給了一個框架，所以創作性比較小，但競爭對手很多，寫起來十分辛苦。追憶二人的相識經過，當年的好友黃宗霑（James Wong Howe，得過奧斯卡攝影獎）有一回邀黎先生參加一個作家晚會（Writers' party），來賓各自朗讀自己的作品，黎先生當晚帶去的中國女伴不肯替他唸，宴會中有一位漂亮的美國小姐舉手願意代勞，沒想到當晚的朗讀插曲，竟為二人結緣一生牽了紅線。黎先生說，她愛讀書，比較好靜、不喜運動，七十二歲就中風過世。他倆育有一兒一女，都從事與電影編導有關的工作。他的女兒在二〇一六年接受洛杉磯時報的訪問時回憶：「我們那時候在家不吃中國食物，不說中國話，就像六零和七零年代長大的孩子一樣，只注重同化與融入主流。」

二〇一六年三月二十四日《洛杉磯時報》（Los Angeles Times）使用巨大篇幅介紹百歲人瑞的黎錦揚，標題是：〈新唐人街的故事：從黎錦揚的花鼓歌到聖蓋博谷的新曲〉，報導指出黎錦揚後來寫的書沒有第一本《花鼓歌》那麼引人注目。原因是後來的著作逐漸轉移了焦距，自他搬到郊區之後，開始改寫東方歷史小說，和唐人街的現實移民生活脫了節。另方面《花鼓歌》在舞臺上的歌聲漸歇，該文指出：美國內地若想籌演這部歌舞劇，便出現東方演員難覓的情況，同時在六、七十年代的美國大學校園，有許多學生領袖和知識分子批評《花鼓歌》中的人物流於刻板印象，個性過於樂觀。書的主旨在於滿足西方人對東方事物的獵奇心理，而且急於擺脫原族裔文化，一心想融入主流。

黎錦揚先生針對此一看法，加以剖析：《花鼓歌》所以成為暢銷書，並非單單滿足西方人的獵奇心理，它的引人之處是：一種「心靈上的接近性」，他認為不同族裔的讀者，也都能普遍感受到華裔的「不安全感、對父權的挑戰、以及對愛情的渴望。」

當我第三次（二〇一七年）訪問黎先生的時候，他吐露九〇年代和一位好友造訪聖蓋博谷（San Gabriel Valley）附近中國城的趣事：滿眼都是中國字的招牌，人口的成分相當多元，他們來自大陸、東南亞、香港和台灣，有錢沒錢皆聚集於此，有些來了二十年也不學英文，有些年輕人和富有的創業者英文說得呱呱叫，但也無意搬遷到「美國式的郊區」，當晚黎先生和他友人進了新唐人街的夜店，見到談吐不俗的女子，儘管只說了兩句話，就得付上二十元美金。黎錦陽對聖蓋博谷的中國城感到趣味盎然，非寫不可！他特別在「小臺北」的市中心租了公寓，一邊實地觀察，一邊寫，完成了他迎接新世紀所創作的一些中文作品，後來因為生了一場病，才又搬回郊區和女兒同住。

俗話說真金不怕火鍊，二十世紀五十年代末期造成轟動的《花鼓歌》到了二〇〇二年由「東尼獎」劇作家黃哲倫（David Henry Hwang）再度改編，重新登上百老匯，由黎錦揚擔任顧問。黃記得六十年代在洛杉磯郊區聖蓋博谷長大的環境和《花鼓歌》的故事背景天差地別，他在耶魯唸戲劇時，也曾批評過《花鼓歌》，但是人到中年，重讀這逐漸被人淡忘的華人故事，黃哲倫認為可以從局內人的身分重新編寫。次年它在洛杉磯首演，風評甚佳，但是到了東岸，劇評家卻認為新版不如舊版，缺少原著那份幽默和人情味，當時筆者在休士頓城區的哈比劇場看到新版的《花鼓歌》，覺得它的政治意識比較濃，和舊版相較，氣氛稍嚴肅，展現華人漂泊離散的命運，平添一分歷史滄桑，同去觀賞的萊斯大學錢南秀教授亦有同感。

二〇一八年十一月八日去世的黎錦揚先生，就像他《花鼓歌》裡所寫的主角王戚陽，目睹唐人街的滄桑和變化，在《花鼓歌》問世後的半個世紀裡，他眼見中國城的種種氣味和景象消失了，譬如方城之戰的嘩啦嘩啦洗牌響，京劇的鑼鼓聲，雜貨店裡的算盤，唐人街退休老人的讀報畫面……這位書寫華人故事的作家在新世紀登上洛杉磯時報的藝文版面，他也成為北美唐人街歷史的一段重要章節。

寫作中重拾鄉音

二〇一七年七月，一個艷陽高照的洛杉磯午後，曾在南加大研習「電影製作」的女兒陪我再訪黎錦揚先生，距離第一次一九九一年在臺北舉行的世界華文作家協會與之相識，忽忽二十六年從指縫間溜過，除了步履不似往日矯健，言談依然幽默，但寒暄之後，發現他往年一口的京片子，經由歲月的洗禮，已經妝點了湖南的鄉音，當筆者告訴他這一點實地的觀察結果，他悠然含笑反問：「是嗎？」在我眼裡，黎先生的確是在珍貴的寫作歲月中拾回鄉音！

（本文原刊載於一九九三年五月十四日《中央日報》副刊，後續二〇一二年及二〇一七年再訪談，加以添補。）

《花鼓歌》作者黎錦揚先生1992年出席在臺北圓山飯店舉行的世界華文作家第一屆年會。（石麗東攝）

李澤厚的有情世界

〈李澤厚的有情世界〉乃一九九二年春天，知悉一代美學宗師李澤厚獲准離開大陸，來到美國科羅拉多州執教，我決計前往採訪，爾後在中副所刊出的一篇訪問記。二〇二一年十一月初閱報得知他在科州逝世，哲人其萎，不禁黯然！由於個人才疏學淺、程度不夠評述他的學問和著作，本文謹記述一九九二年筆者赴科羅拉多州專訪、及二〇〇〇年他應美南華文作協和萊斯大學之邀蒞臨休士頓，再度訪談的經過，本文也可視為新舊世紀之交，一則出於追星族所述的學者名人軼事。

第一次接觸李澤厚的大作《美的歷程》，是八〇年代中期返台探親之際，由一位在中學教授歷史的好友推介。出版者在前頁指出，「這是難得一見的天才之作……作者從哲學、文學、藝術、美學、歷史學……的各種學術角度出發，將中華民族文學和藝術的發展，從古至今作一系統和有機的詮釋，精思妙解，隨處可見」。因為這本書十分好看，接著閱讀他所寫的《我走過的路》、《中國近代思想史論》等書，日後讀到當代歷史學者余英時教授曾評價：「李澤厚通過書籍使得一整代的知識分子，從共產主義的意識形態之中解放出來。」此語包含了李澤厚對近代中國學術思想界的貢獻和影響力！

閱畢「美的歷程」之後，就像其他成千上萬的讀者一樣，自己感覺能夠恰如其分地對作者冠上「學貫中西」、「高山仰止」的形容詞，尤其從評介文章中得知：他寫這本書正值下放勞動，當別人在牛棚裡做木工打發時間，他卻能利用數月功夫，總結二十餘年對中國古代美學思想的思考而完成了「美的歷程」一書，牛棚裡沒有參考書和舒適的書房，然而其文字如行雲流水，且字裡行間帶著一種詩情，提升了閱讀的意境和效果，正是許多文字工作者夢寐難求的筆尖造詣。

當代新聞報導

上世紀九〇年代初，家中一雙兒女踏入中小學，我也開始投入自由撰稿的採訪行業，前此我在新聞研究所恩師徐佳士老師的推薦之下，由臺北正中書局在九一年出版《當代新聞報導》，此時李澤厚先生因六四同情學生而成為被中共當局被批判最多的知識分子，不但著作被禁，而且受到停職檢查的處分。終於透過西方政府和民間學界的遊說和努力，他於九二年初獲准出國，受聘前往科羅拉多州學院哲學系講授中國思想史。

或許因為撰寫《當代新聞報導》後，一些採訪寫作的理論與規則逐漸開始在腦海裡震盪發酵，心想不能老是紙上談兵，也應該拿起兵刃到戰場上取得一些作業經驗，當時我在居家附近休士頓地區所作的報導也日見增多，每星期給中央日報海外版的《華人天下》所寫發的稿子大致有三、四千左右，但決定自費飛行千里，前往科羅拉多州去採訪一位知名學者，確是一個特殊的例子，其中最大的推動力是我對《美的歷程》作者所存的敬佩之心和好奇感。

那趟專訪旅行外表看似平常，然而事先的準備工作卻十分繁瑣；必須要麻煩紐約華文媒體朋友與李澤厚教授取得聯繫，徵求他同意接受採訪，一九九二年春，李澤厚初來乍到美國，落腳科州的一個山城，因為我看圖識路的能力差，怯於在陌生城市開車，於是又動用我唸研究所時的室友劉紀華的關係，請她住在博爾德城（Boulder）的學生把我從丹佛機場送到科羅拉多泉（Colorado Spring）與李教授見面。同時為了方便接送我的一位學生的時間，必須安排在週末訪談，有一段接駁路程還勞駕了當時執教科州大學的葛浩然教授（翻譯名家）。雖然一路行程順利，但是採訪結果卻不盡理想；主因籌劃的時候希望他談談對六四天安門的感受並且以歷史的角度如何看待這次學生爭取民主運動。然而事與願違，他拒絕回應這些敏感話題，追問之下，表示：「我以後還是希望每年都回北京走一趟」。

聽完李教授的這番話，令我深切感受到一個採訪者的無力感，並且能體諒在當時國內的情況之下，一位異議者之進退難為！再加上一開頭我就心無城府地回答受訪者，稿子將在中央日報的副刊發表，他知曉這是一份國民黨的報紙，自然會提高警覺。其實出現此一狀況並非不在意料之中，最初在自家書房作沙盤推演時，曾有意向受訪者拿出一份提問綱要，但又恐因此被拒絕，總之，不經一事不長一智，幸好我是自付旅行費用，除了自我檢討之外，並沒有因未達預期目標而受人責備，不料交稿後，中副主編梅新先生竟給這篇沒有抓住時事重點的專訪擬定一個帶有詩意的題目：「李澤厚的有情世界」，梅新不僅是台灣「現代派」新詩創作的傑出詩人，而且四度獲得副刊編輯的金鼎獎。

自認徒勞無功

數年後，我在圖書館翻閱一本《大陸當代文化名人評傳：公民社會的開創者》，是由馬漢茂和齊墨兩位漢學家主編，在李澤厚的那一篇裡兩度引用一九九二年我訪問他的片斷，其一：「李澤厚回憶年輕時喜歡閱讀武俠小說，他並且認為武俠小說對於滿足和培養少年人的想像力是很有益處的。」這項發現稍許彌補了我當年「徒勞無功」的遺憾。

那趟採訪還在無意之間發現這位美學大師的家居有情世界！他的另一半年輕時是一位舞者，早先曾隨中國舞團出訪東歐，回答我問題時吐字輕聲細語，從她靈秀的大眼和苗條的身材可以想像當年的韻致和風采，當我轉身請教李教授是否想念北京飯館的佳餚美味，他立刻表示，我妻子的廚藝很好，「即使在國內我也很少上館子。」當我要求為他們合影時，兩人選擇了一個單人椅相擁而坐，毫無道學痕跡，顯然讓美學和情趣自然走進生活。雖然李澤厚在他一九九五年所出版的《波齋新説》的封底自抒：「『齋』『災』諧音，之所以有波齋者，乃東門失火波災池魚，而遠遁故也」。但是他這條遠遁的池魚，到了異地仍可享受賢妻的體貼照顧和美食，揮灑自由發言的空間，與好友劉再復對話，繼續出版像《告別革命》的書。

千禧年二〇〇〇三月，李澤厚教授應我所屬的北美華文作協美南分會之邀「細說美學」，休士頓萊斯大學（Rice University）斐克公共政策研究中心（Baker Public Policy Center）「中美跨文化遊廊」主任劉瓊毅博士（Steven Lewis）聞訊後，即聯袂邀請李澤厚到該校談論五年前與劉再復合著的對話錄《告別革命》，敘述他移居美國之後的思想近況。

決心「告別革命」

為什麼中國應該告別革命呢？兩位學者認為影響過去中國百年命運的最重要事件就

是革命，所謂革命是指群眾以急遽暴力方式推翻現有制度與權威的行動，但展望新世紀，不能再把革命當作聖物，否則會將中國推向殘傷的泥淖，因此二人主張以「改良」、「建設」代替「破壞」，而決心告別革命！但是李澤厚說：這本書出版後，內受大陸官方火力十足的批判，外受民運分子的夾攻，兩面不討好，它也不准在大陸出版，不料「告別革命」一詞卻變得十分流行。

李澤厚在萊斯大學的演講從大陸文革之後所掀起的「美學熱」及後起的「文化熱」說起，到了九〇年代思想界出現了自由派和新左派：前者認為政府不要干預太多，應全面自由化，後者則強調經改之後，造成貧富懸殊的現象，政府應多加干預。在這場自由和平等的爭論之中，李澤厚說他比較傾向自由派，他認為中國的自由不是太多，而是不夠，而現在中國所需要的是自由，而不是民主。

一位聽眾問及中國未來的民主前途，他很不樂觀，他說：「進步很慢，但火車開快了，又怕容易翻車」，不過他認為民主自由都是相對的，台灣比大陸民主，美國比台灣民主，但美國的民主又被商業、傳媒及廣告所控制，他指出中國人實行民主「激情有餘，理性不足」，一直缺乏一種形式觀念的建立，革命時談的是打破舊秩序，更重要的目的是建立新的形式程式，「程式」代表理性的落實和具體化，民主不是為所欲為，他說嚴復把約翰米勒的《論自由》譯成「群己權界論」是很有道理的，所以早在上世紀五〇年代，李澤厚就主張大家研讀孫中山的《民權初步》，先學習怎麼開會。

李澤厚休士頓之行的第二日蒞臨美南作協，演講題目是「從美學談起」；他先闡釋美恆常在實踐與動性過程之中出現，譬如中國的文章需要朗讀，讀韓愈的文章是一種味道，讀柳宗元的又是另一種味道，讀出來以後便會影響你的思維進而產生一種境界，這便是美的出現。他最後歸納：美超出感性之上，包含道德社會或神聖的品質，它在人類實踐動性之中影響個人思維，改造了客觀世界，此為中國人理性美學的傳統，這位美學哲學和歷史學者強調：華夏美學是以儒家思想為主體的中華傳統美學，他認為儒家有久遠深厚的社會歷史根基，又不斷吸取、同化各家學說而豐富發展，從而構成華夏文化的主流和基幹。

李教授來訪休士頓之時，恰巧當地博物館展出三星堆的出土文物，是大陸三十七個博物館所調來的珍藏，有位聽眾請問他的觀後感，李教授說：非常精采！三星堆所發現的青銅器，和以前所發現商代的東西有些不同，學者們認為它代表西南地區的巴族文化，具地域性的色彩，但李澤厚認為它和其他出土的商代青銅器有些關聯，仍舊受了中原文化的影響，從這件事可說明中國一詞是「文化」的概念，而非「種族」，他認為中國的文化傳統一向接受、並吸取外來文化，最後往往將異族同化，例如漢代的宰相有外國人當，本來猶太人是最難同化的民族，但現在河南開封有採漢姓而不吃豬肉的猶太人村莊。

演講結束後，一位聽眾關心地詢問李教授移居海外的轉折，李教授回答：出國對研究生涯是一種損失，但留在國內不能教書、招學生，不能發表文章。而移居國外，可以隨便發表意見，可以出版像《告別革命》這樣的書，不像在國內，做了「牛」後，只能排泄一大堆廢物。李教授在休士頓兩日行程除了演講、參觀太空中心和博物館的三星堆展覽，並且會見了休士頓北大同學會的故舊學生，安排接送陪行的美南作協會友，都稱讚李澤厚絲毫沒有大學者的氣焰，就像論語裡所形容「望之儼然，即之也溫」的君子。

世事洞明的學者

作為讀者和媒體記者，我們看到李澤厚先生既有敏銳的理論思辨能力，又能深刻體悟審美的精神，他早歲家道衰落，生活環境困苦，在上世紀五、六十年代因言肇禍，自謂「被下放勞動，因此在身體上和精神上所受的創傷折磨所在多有。」曾見網路文章說他「不通人情世故」的例子，這在顛沛流離的九十一年當中，亦所難免。

綜觀他一生，能在動盪的時代中，為自己謀得相對性的安穩生活，教書著作不輟，根據大陸出版界的統計，李澤厚版稅超過百萬，在北京王府井街擁有房產。他自己也說「我個人經濟搞得很好，回國都坐商務艙，都是花我自己的錢。」因此可見他是一位會做學問又懂調理生活的人。記得余英時有一次在訪問時曾說「歷史和新聞是同一門學科；

歷史就是新聞，新聞就是歷史」，僅以此文追悼澤厚先生這位二十世紀中國轉型期的哲學家、美學家和歷史學者。嗚呼哀哉！

（本文最初刊載於一九九二年六月十日《中央日報》副刊，李澤厚教授於二〇二一年十一月二日去世後，筆者又重新添補資料，於二〇二二年元月二日，以原題名刊載於美國《世界日報》週刊。）

千禧年三月李澤厚教授應美南作協和萊斯大學（Rice Univ.）聯合邀請，在僑教中心演講「從美學講起」。（照片來源：石麗東攝）

幸會「未央歌」主角：八旬「小童」

二〇一五年是抗戰勝利的七十週年，網路及媒體之上充斥歷史話語權的爭辯，國民革命元老于右任有詩：「不容青史盡成灰」，西諺：「真理愈辨愈明」，更何況歷史發生的時刻還有旁觀的國際社會，因此許多人深信：史實真相得以水落石出，只是遲早的事。

耳聞眾聲喧嘩，不禁使人連想到一部以抗戰為背景的小說《未央歌》，書成於一九四五年，距今也恰恰七十週年，作者鹿橋先生（本名吳訥孫），於一九九九年四月下旬應美南華文作協之邀，造訪休士頓，演講「利涉大川……挾泰山以超北海」，當時筆者負責籌劃和協調接待工作，訪問過程當中眼見年高八十的吳訥孫教授依然是《未央歌》字裡行間所流露自然、樂觀的真性情，他演講內容執著於「愛人惜物的人文主義」，深深感動了當時慕名前來的舊雨新知。他所謂「挾泰山」就是炎黃子孫所承襲的文化傳統和包袱，他說海外的華人已超越大川北海，渡過太平洋來到美國，包袱裡有許多的內涵將對未來世界的文明有助益。

《未央歌》的故事和書寫皆發軔於抗戰時期的西南聯大，但的它完結篇是在一九四五年作者留學的耶魯大學定格，當時並無意出書，只在朋友之間傳閱，後來受到同學顧獻樑的極力催促，到了第十四年（一九五九），作者把它帶到香港自費出版。發行之後廣受歡迎，尤其受到青年學子的熱愛，台灣曾發現三種盜版，其一還更換了書名。一九六七年《未央歌》改由商務印書館出版，吳訥孫教授也以「鹿橋」揚名華人世界。一九九〇那年被中國時報票選為四十年代影響我們最深的書第一名，一九九九年由香港《亞洲週刊》聘請的學者專家票選為「二〇世紀中文小說一百強」，名列七十三。鹿橋生前有大陸書局請他授權出版，但大陸方面使用簡體字，而鹿橋認為如果不識正體字怎麼去閱讀蘊藏中華文化精髓的典籍，直到二〇〇八年才有安徽合肥黃山書局出版正體字版的《未央歌》，今日大陸讀者看到的《未央歌》有許多是簡體字的盜版。

鹿橋應邀訪美南

筆者像許多台灣長大的青年一樣，求學時期讀過《未央歌》，並且熟悉書中的人物和故事，像小童、大余、伍寶笙、藺燕梅……《未央歌》是伴隨我在校園成長的重要章節。移至九〇年代，在德州休士頓市參加美南華文作協，主要活動之一是邀請文學名家演講，而《未央歌》作者一直是會友想一睹廬山真面目的作家；他不但寫下膾炙人口的《未央歌》、《人子》、《市塵居》，而且書裡對故事發生地「西南聯大」在所衍生的亂世神話、充滿追求理想以及自我探索和發展的豪情壯志，因此受到廣大青年的喜愛。或許此一特色正暗合海外華人去國懷鄉，嚮往桃花源的心理，有人戲稱《未央歌》裡所塑造的桃花源，也多多少少發揮了安定流浪者心靈的力量。

「西南聯大」的光輝

「西南聯大」是怎樣的一個高等學府？上世紀三十年代抗戰軍興；國民政府為了躲避日本侵華的戰火，遷往西南大後方，聯合了北大、清華和南開大學聯合組織「西南聯合大學」，一方面傳揚中國文化傳統，抗日救國，另方面傳播現代西方的科學和文化知識，培育日後的文化學術精英，屬如首次獲諾貝爾獎的李政道與楊振寧，和文史方面的何炳棣、汪曾祺，詩人穆旦等等。二〇〇八年大陸的現代史學者周棉發表「中國留美學生與抗戰時期的西南聯大」一文，他特別指出二十世紀末葉以來，西南聯大不僅引起海峽兩岸的關注，而且其中包括了西方學者，例如美國維吉尼亞大學歷史學者易社強（John Israel）投入十五年調查、研究之力，完成七百頁的著作，名叫《西南聯大：一所在戰爭和革命裡的中國大學》，他表示「在艱困的條件下，保存了最完好的教育方式，培養了最優秀的人才，值得人們研究。」

吳訥孫於一九四四年自西南聯大畢業，次年負笈留美，曾一度改習建築，在美國東部求學的年代，和唐德剛、周策縱等成立「白馬社」，由胡適擔任導師，一九四九年取得耶魯大學美術史碩士學位，又五年以「董其昌的傳記、時代和山水畫」做博士論文而獲得學位，畢業後開始任教耶大藝術系。六〇年代中葉應聘至日本京都大學任客座研究員兩年，和胡蘭成在日本相識，曾替胡投遞一封寄給張愛玲的書信。早在一九四〇年，鹿橋讀大二時，參加西風雜誌社全國性徵文以虛構的小說獲得正獎第八名，而張愛玲以〈我的天才夢〉獲得第三名，因此鹿橋和「張胡戀」的主角在不同的人生階段先後有過交集。鹿橋自日返美後應聘聖路易市華盛頓大學講座教授，曾擔任該校考古美術史系主任，成為國際知名的東方藝術史教授，一九八四年以傑出終身教授退休，直到千禧年因病遷居波士頓與女兒比鄰而居。

副刊登出專輯

話說美南作協經過五年不斷的通訊和邀請，終於在一九九九年得到吳訥孫教授的首肯。作協理事會決議以中華民國僑委會海華文藝季文學講座的方式舉辦該項活動，四月二十四日的那天盛會在僑教中心二樓大廳舉行，名副其實地近悅遠來，座無虛席，就連一週七天都上實驗室的超導專家朱經武教授，也放下工作前來聽講。記得鹿橋來訪後，美國世界日報的〈副刊〉和中央日報〈世界華文作家週刊〉都做了整版的專輯，由作協會員記述演講內容和來訪花絮，撰寫世副「文學交流道」的有：陳紫薇、胥直平，參與中副「華文週刊」的有：錢莉、潘郁琦、劉毓玲、陳瑞琳、平常心（筆名）和成彥邦。根據雷戊白女士在二〇〇二年所寫的一篇追悼吳訥孫教授的長文，其中提及「他對受邀到休士頓演講的那一次非常高興，尤其對休士頓招待過他們，又寫了文章的年輕人（當然在他眼中的年輕人，也都五、六十歲了）讚不絕口，覺得現在還有一批人本身既有程度，又肯用心於文化傳承，讓他們二老非常的快樂。」

《未央歌》的故事發生在雲南昆明的西南聯大，香港的文評家司馬長風讚許它是中國抗戰時期長篇小說的四大巨峰之一，其他三本，分別是巴金的《人間三部曲》、沈從文的《長河》、和無名氏的《無名書》。但是《未央歌》也被批判「有意回避了現實的苦難」（尉天驄語），何懷碩說《未央歌》：「沒有反映那個堅苦壯烈的大時代普遍存在的精神特質」，但文學教授齊邦媛指出：「昆明在當時的確倖免於戰火，為保持民情上樂觀自信的情調，這部小說的設定是可以言之成理的。」

對於《未央歌》裡所營造世外桃源的情調，鹿橋自己怎麼說？他解釋抗日期間的苦難眾所周知，不需要特別強調，「否則這麼一本以情調風格來談人生理想的書，如果為通貨膨脹記起流水賬，文字還乾淨得了麼？人物性情還能明爽麼？昆明的陽光還能耀眼麼？雲南的風雨還能洗脫心上無名的憂傷麼？」。有關對鹿橋的《未央歌》、《懺情書》、《人子》和《市廛居》等書的進一步瞭解和導讀，坊間有兩本書可以參考：一是樸月編著的《鹿橋歌未央》，由台灣商務印書館在二〇〇六年發行，另一本名為《鹿橋》，由國立台灣文學館於二〇一四年出版，屬《台灣現當代作家研究資料彙編》第六二冊。

人文為體，科學為用

一向關心中華文化的鹿橋，在美國大學教授東方藝術史，對中國近百年來欲迎頭趕上西方科技的現代化運動有其定見；在休士頓那場：「利涉大川……挾泰山以超北海」的演講中，談到人文與科技的關係，他指出：西方是科技本位主義，而中國人則將人文放在科技之上，也就是人文為體，科技為用，因為主動從事科技的還是人。」他進一步說明：「自古以來，全世界都是「人文為體，科學為用」。而科技是可以用各種方式取得，包括學來、買來、甚至偷來、搶來，但是科學後面的原動力卻是人文。所以鹿橋並不苟同「中學為體，西學為用」的說法。

在謝宗憲替鹿橋所寫的《吳訥孫小傳》中，有一段描述「鹿橋到美國時就立下一個心願，要將中華文化之美介紹給西方人」，於是鹿橋捲起袖子，拿起鋤頭，在「人人都忙得腳鴨子朝天」的紐約州旁建立了一個「延陵乙園」（延陵是吳姓的堂號），經營中國的園林藝術，待三年有成，便訂定每年六月舉行「文會」，邀請當地藝文界人士發表作品，相互品題，一九六五年六月是最後一次舉行的乙園文會，共有七百多人參加。鹿橋的一位好友，同時也是臺北故宮博物院研究員的李霖燦先生，在造訪乙園後，讚賞乙園的園林之勝，和文人盛會是現身說法的文化交流。

吳、唐相會的佳話

前不久，看見文友劉虛心傳來她紀念《未央歌》書成七十載所發表造訪昆明西南聯大原址的文章，掩卷之餘，吳訥孫教授一九九九年來訪休士頓的畫面一一浮現眼前，因而想起其中有一件未曾在任何其他場合披露的名人軼事，這段逸聞也足以顯示鹿橋時時關心中西文化的交流與走向。事情的啟頭出於籌劃他來訪的行程之初，我請教「此行有沒有什麼想去的地方或想見的人？」吳教授表示：他聽說有位唐博士，在太空總署從事太空衣纖維的研發，成績斐然，除了參觀太空中心，還希望見見這位唐老先生。

唐鑫源博士，江蘇無錫人，一九三〇年代留美，先後在羅威爾（Lowell）大學及麻省理工學院專攻紡織，取得碩士學位，回國投入家族事業，發展人造纖維，曾執教南通大學。一九四九年，唐家工廠悉數被共產黨沒收，他和家人輾轉自香港來美，再接再厲攻得博士學位，畢業後受聘美國空軍從事高溫材料的研製，一九六二年被借調太空總署，一九八九年美國慶祝登陸月球二十週年，唐博士以發明 Beta 纖維，入選美國太空科技名人堂，他的聲名和吳訥孫教授一樣跨越華洋兩界，各自在科研和人文兩域卓然有成。唐博士於二〇〇一年元月病逝，享壽八十五，葬禮那天休士頓太空中心下半旗誌哀。吳教授於次年三月因病在波士頓逝世，享壽八十三。

一九九九年仲春四月，待鹿橋訪問休士頓的行程接近尾聲，安排了兩位八旬耆老會面。吳、唐兩位都是深受中國文化薰陶的謙謙君子，皆禮出大家，見面後互道傾慕之意，兩人對照年幼時，都跟著家中私塾老師背誦古文的往事……接著交換移植他鄉的奮鬥經驗，最後攝影留念互道珍重。在奔馳機場途中，筆者計畫把這段科學家和東方藝術史教授相遇的佳話記述為文，但因俗務繁冗，力不從心，錯失打鐵趁熱的良機，一拖再拖，直到十六年後的今天，《未央歌》問世已屆七十載，唐博士入選美國太空科技名人堂逾四分之一世紀，才了卻這樁心願。

（二〇一五年寫於休士頓，原文刊載於二〇一五年十一月十二日《世界日報》副刊，後加添補）

上　左起唐鑫源博士（太空衣纖維發明人，因此進入美國太空科技名人堂的第六人）、吳訥孫（鹿橋）教授，一九九九年合影於休士頓。（石麗東攝）

下　1999年4月24日，《未央歌》作者吳訥孫教授應美南作協之邀演講後，與部分會員合影，前排左二與左三是鹿橋伉儷。（照片來源：石麗東）

傳統與現代的交融：白先勇的文化工程

白先勇的「臺北人」一九九九年在台灣獲選為經典文學的榜首，接著由香港「亞洲週刊」遴選為「二〇世紀中文小說一百強」的第七名，二〇〇三年又榮獲國家文藝獎，他的作品在華文文壇的經典地位卓然而立，另一方面白先勇所寫的小說《玉卿嫂》、《謫仙記》、《遊園驚夢》等改編為電影、舞臺劇，皆轟動票房，廣受歡迎。

自一九六〇年代以來，華文世界的讀者都被白先勇小說裡的動人故事，人性關懷和文字造詣所傾倒，然而他一生所推動的數項文化工程的貢獻卻未受到相等的關注，誠然諸樣文化活動的推展，本借助其文壇盛名和個人的親和力，但是白先勇經理事務的長才卻不容等閒視之，尤其是新世紀以來所推動青春版的《牡丹亭》，先後在兩岸三地和歐美城市上演，引發青年觀眾的熱烈迴響，這無異就是古典「文藝復興」的實踐，自白先勇推動這些文化工程以來，他排除萬難，結合無限能量，產生了深遠的影響！自古所謂「三不朽」，白先勇至少擁有「立言」和「立功」兩項。

白先勇在文學作品中打造的繁華盛景與歷史滄桑，無論在台灣或大陸都有精密深刻的評述，本篇的重點在於記載他自六〇年代所創辦的文學雜誌，八〇年代《遊園驚夢》舞臺劇的演出，以至於新世紀青春版《牡丹亭》巡迴演出所掀起的轟動。恰巧白先勇在一九九一年的紐約和二〇〇九年休士頓的兩場公開演講會中回述創辦《現代文學》和演出青春版的《牡丹亭》，筆者有幸恭逢其盛，隨後寫了兩篇報導分別在中副（中央日報）及世副（世界日報）刊出。

創辦「現代文學」

一九五九年白先勇就讀台大外文系，當選「南北社」的社長，一九六〇年他向會友提出創辦文學雜誌之議，得到全體支持。一九九一年北美華文作協在紐約舉行成立大會，白先勇在演講中回述：《現代文學》創刊的時候，政府從大陸遷播台灣、歷經十年建設，剛剛跨出經濟轉型的第一步，「我們除了唸書還想安身立命，希望在精神上有所追求。剛好陳若曦、王文興、歐陽子和劉紹銘同在一班，於是一起耕耘，發展一片屬於自己的天空。」

白先勇回憶那個年代大家絕少打筆戰，各自為政，文風有所不同，各忙各地寫稿，欲成文學不朽之業。現代文學自創刊以來從不賺錢。常因短缺經費而脫期，有時跑到印刷廠催印，如果稿子不上機器就賴著不走，學校大考的時候一邊校對，一邊溫書。「最後因經濟營養不良而飄零枯萎……對我個人來說，是我個人的一副十字架。」

這份文學雜誌舉辦了十三年，由於經營困難而停刊，一九七七年復刊，進入八十年代之後影響力減低，一九八四不得不停止，二十世紀之初，白先勇榮獲國家文藝獎，得獎理由提到《現代文學》的部分說：「白先勇與文學同儕創辦的《現代文學》雜誌，引介西方現代思潮，鼓動文學創作，對台灣文學發展有一定的影響。」

當代作家成形

一九八八年八月文學評論家（中央研究院院士）夏志清教授發表〈《現代文學》的努力與成就〉一文，在「努力」的項目之下，夏教授指出，尤其是初創期間，每期都有一個西方現代作家的專輯，一方面把他的作品譯介給讀者，另一方面編輯也趁機攻讀，以求自己的長進及寫作風格之早日形成。夏志清認為這種教育作用，增強了台灣當代作家之形成。

進一步提到《現代文學》雜誌的整體成就，夏志清說「他們的天賦有別，遭遇不同，十三年間所表現的創作治學成績各有高低，但是他們的集體努力即是在中華民國土地上建立了一個與歐美先進國家看齊的現代傳統，這是一個了不起的成就。夏教授總結：「大體說來，《現代文學》的撰稿者，不論是詩人或小說家，他們用可讀的中文、記錄了中國人在這個現代世界的真實感情，但這些作家們受到西方現代文學的薰陶，……勾劃起中國人的精神面貌，這可以說是《現代文學》作者群最足以自傲的成就。」

日後有若干學者認為白先勇和大學同儕樂於引進西方的聖火，於是反傳統的「現代主義」成為那一代思想和藝術的啟蒙。白先勇對於六〇年代台灣流行的現代主義更為接近西方的原型，有所解釋，他說「過去數百年來我們中華文化受到政治制度和社會結構的影響，跳過文藝復興和產業革命的階段，一直跟在西方人後面跑，當年受到西方的刺激，看得到傑出的作品像卡夫卡、喬也斯及法國新潮電影……摸索著如何進入『現代』。」

他說：就我個人而言，一方面看新潮的東西，一方面還到中文系旁聽葉嘉瑩和鄭騫老師的古詩詞，那時就想如何把「傳統」與「現代」結合起來。可見現代文學在六〇年代也擔負了承先啟後、文學傳薪的工作，知名作家劉大任、李黎、王禎和、三毛、荊棘和李昂的第一篇作品都是在現代文學上發表。白先勇創辦現代文學對於台灣文學創作的影響可說是難以計量。日後這些作品傳揚海外華文世界和中國大陸，又造成一波波的漣漪和後續影響。

舞臺劇「遊園驚夢」

一九八〇年代，白先勇執教加大聖塔芭芭拉分校，時而造訪兩岸三地，他的作品深受華文讀者歡迎，一九七九年八月，香港政府首次舉行「中文文學週」，邀請白先勇擔任評審，同時香港藝術中心以舞臺劇（粵語）演出他的兩部小說《謫仙記》和《遊園驚夢》，觀眾反應熱烈，香港的報紙亦頗為稱許，這趟香港之行引發他把自己小說改編成舞臺劇的念頭，回到台灣後，他和文化界朋友提起此事，得到空前的熱烈支援，最主要也因為台灣當時經濟、文化的基礎已達到可以推展舞臺劇的階段。一九八二年由白先勇親自改編的《遊園驚夢》，在臺北演出十場，場場爆滿，創下舞臺劇的票房記錄，一九八三年香港《文藝》雜誌「座談白先勇的遊園驚夢」，白先勇在會中談及一九八〇年代演出這齣舞臺劇的艱苦之處，他說台灣當局對舞臺劇的審核尺寸相當嚴，但終能演出，也證明當時文化建設大有可為。此外，舞臺上多媒體的運用、強勁的演員陣容和名家的捧場，最後不得不加演兩場。白先勇還記得許多朋友和名家從香港、美國、新加坡和日本等地專程到臺北觀賞，像熊式一、焦鴻英、崔冰、陳香梅都是，陳香梅連在美國的會都不去開了，等看完了戲再走，劉紹銘教授自美到香港擔任「中文文學週」的講員，為了看這齣戲，提前離港，抵達臺北看完戲後，第二天就搭機返美。

根據二〇〇八年九月八日臺北聯合報一篇追敘《遊園驚夢》當年演出的報導，名演員及劇場工作者金士傑指出，「那是一個處處緊張、處處受限制的年代，」而一九八二年《遊園驚夢》的演出對舞臺劇的演出和革新做出相當的貢獻，而其中不可少的元素是白先勇的個人親和力以及處理事務的圓融。六年之後該劇在大陸演出，由廣州胡偉民導演籌劃，集合上海與廣州戲劇界的精英，分別在廣州、上海、南京、北京和香港巡迴演出，掀起觀賞舞臺劇的熱潮。

曾任上海戲劇學院院長的名作家余秋雨以〈風霜行旅〉一文記述《遊園驚夢》在大陸演出的迴響，這篇文章先從讚賞白先勇的原著說起，他認為無論是白所寫的《遊園驚夢》的小說或改編後的劇本，都呈現了真正的大家手筆，主要得力於作者在折疊時間藝術上所表現的深廣度，一是故事所跨越的時間，二是所涵蓋社會的人物，三是借助女主角所體現的歷史滄桑，第四是借崑曲藝術所描繪的滄桑意像。

余秋雨感嘆「這部佳作終於出現在大陸讀者的視線之內」，而白先勇、胡偉民和廣州話劇團的朋友不期然地遇到了遠遠超越藝術作的大問題——海內外的觀眾在阻隔數十年後文化心理結構的異同。」

余秋雨指出，《遊園驚夢》舞臺劇在大陸演出的文化意義，是《遊園驚夢》的被選擇和被接受，反映著更多中國人在對待歷史、時間、人生的態度上，由浮躁簡單而走向從容、平正。余秋雨最後表示：「一位海外作家高品位的作品，終於在八十年代晚期紮根大陸，這實在是一次意味深長的旅程。」

《牡丹亭》的青春版

白先勇所推動的第三項文化大工程距離他初次籌演《遊園驚夢》舞臺劇的演出恰恰又過了二十年，二〇〇二年他在香港大學崑曲講座之中，安排年輕的崑曲演員現身說法，聽眾反應熱烈，他決心把這齣優美的傳統劇目介紹給年輕一代的觀眾。他認為崑曲包涵了許多傳統文化的特色，最能喚起人們對詩意生活的嚮往，在現代社會中仍有存在價值，而最為難能可貴的是白先勇把他復興傳統文化的理念藉著牡丹亭的演出而付諸實踐。

青春版的《牡丹亭》是經過現代銓釋與整編的古老傳統戲劇，這項工程的浩大有目共睹！白先勇先從集合專家改編《牡丹亭》的劇本做起，然後再挑選扮演杜麗娘和柳夢梅的青年崑曲演員、集合兩岸三地最優秀的音樂、舞蹈、舞台設計、服裝等人才，白先勇的毅力和使命感使得許多人深受感動。

二〇〇九年三月，白先勇應休士頓佛光山中美論壇主持人辜懷箴之邀發表兩場演講：

「崑曲面向國際」和「二十一世紀中國文化的走向」，這兩場演講透露了他推動這件文化工程所遇到的困難，休士頓萊斯大學的錢南秀教授在第二場演講的尾聲請問主講人：帶團到世界各地演出《牡丹亭》，大部分的經費從那裡來？只見這位寫下二十世紀後半葉華文經典作品的大作家，帶著一臉的靦腆和苦笑說：必須開口向人要！（尾音拉得特別長）以前搞出版、辦雜誌，從來沒向人要過錢，開口說少了不好，說多了又要不到，這草台戲的班主真不好當！台下立即滿堂哄笑，於是「白老闆！」「白老闆！」的呼聲此起彼落！依筆者那天在場的實地觀察，若非白先勇平易近人具親和力，就不會出現這種臺上台下打成一片的場面。想當然耳「磁人個性」（Magnetic Personality）對於籌款、組織劇團、演出也都發揮了不可言喻的推助力量。

改良戲劇之難

白先勇表示，戲劇改良的分寸很難拿捏，譬如編寫「青春版」的《牡丹亭》期間，為了一張桌子的顏色開了五、六次會，只因為考慮到演員衣服的顏色，加上燈光打下來就增加許多變數。再如大陸有一齣《長生殿》的新戲編排，男女主角穿了金黃色的衣服，背景也金黃，結果演員坐到位置上去，人就不見了！說到崑曲的改革，因為它的歷史悠久，本身非常精美，崑曲的美學精神是「眼睛容不下一粒沙子」。

白先勇認為崑曲的唱腔和身段不能變，可以變的是舞臺設計，但也以不干擾表演為原則，牡丹亭中有一折〈如杭〉，新婚的杜麗娘和柳夢梅寄居杭州，重編這場戲時，在舞臺上加了一塊屏風，但兩人走圓場之間，新添的道具彷彿把演員鎖了起來，等拿掉屏風，又揮灑自如。綜言之，崑曲的美學是抽象的、寫意的，白先勇認為中國文化對線條的掌握很好，音樂像拋物線一樣流瀉出來，演員的水袖動作就是流動的草書。

白先勇說推出「青春版」牡丹亭的最大的快慰是開闢一個讓下一代接受傳統文化的洗禮，演出後他看見許多年輕學生臉發亮、眼睛發光，有位臺北政大的女生告訴他：我看了《牡丹亭》之後，以做中國人為榮！在北大上演後，有位學生在網路上寫道：這個世界上有兩種人，一種是看過《牡丹亭》的，另一種是沒看過《牡丹亭》。白先勇說，時下年輕人對傳統文化的接觸，除了博物館，就沒有可以認同的東西。

展望二十一世紀

白先勇展望二十一世紀對中國的文化的影響，他說是一個非常重要的世紀，如今中國人在經濟方面已經站穩起來，下一步是如何振興文化，首先在教育制度方面毛病就很多，譬如在中小學，構成中國重要傳統的山水畫不教，都去學西畫，自己的戲劇不學，而去學西洋劇，他說我們應該針對美育教育重新設計課程；先從認識自己的文化著手，如果不知道自己，談何瞭解、欣賞自己。

根據白先勇的統計「青春版」牡丹亭的觀眾有百分之六、七十是年輕人，藉這這次演出一方面請張繼青和汪世瑜把正統的崑曲技藝傳授給年輕演員，另方面從改編劇本到舞臺設計，都合乎現代舞臺的水準。就總的來說「青春版」的牡丹亭可說是既傳統又創新。他有感而發地表示，「我的原則是：尊重傳統，而不因循傳統，利用現代，而不濫用現代」。

放眼民國以來的作家當中有幾人能像白先勇這樣的文壇奇葩，能創作精品小說、辦文學雜誌、寫劇本、留學美國之後，在高等學府獲得教席，又把自己的小說改編成舞臺劇，先後在政治體制不同的兩岸三地演出，而且處處轟動票房，後來籌演「青春版」牡丹亭時所動員的人力物力的規模就更大，演出的地點遠至北美新大陸和英國倫敦，該劇總監汪世瑜曾在接受媒體採訪時表示：白先勇是萬人迷，連我都不能逃脫他的魅力，原計劃從浙江崑劇團（團長）退下來安享晚年，竟被他說動出來教戲，培養新生代的演員。

新世紀以來白先勇傾注十二年編寫《父親與民國》上下兩冊，同時在兩岸三地出版，他在新書發表會上表示《臺北人》紀念他父母憂患重重的時代，而《父親與民國》則是描繪他父母那一個時代的縮影，白先勇這位跨界寫歷史的當代傑出作家，其意義不謹是記述歷史，而且書寫行動的本身流露父慈子孝的中國傳統文化。

正如本文導言所敘，白先勇所進行的文化工程的推動，除了他的文壇盛名、勇於任事之外，還靠他做人的親和力，但是具有親和力的人依然會遇到困難，他的解決之道為何？文學大師以E函回覆筆者：「我在推廣文學、崑曲的時候，全靠一股對文學、崑曲以及中國文化的信念。我從事文化工作不是為了自己，是為了復興我們文化的大業，所以有那麼多人無私的來幫助我，沒有他們，我將一

千禧年白先勇應邀來休士頓發表演講：「我與牡丹亭」。（石麗東攝）

事無成。」想來他的無私奉獻和不居功，即是成就文化工程的主要原因。

（原文刊載於一九九一年《中央日報》副刊，又經兩次添補，書成於二〇二四年）

雙料「奧斯卡」最佳導演獎李安

在全球矚目的二〇一三年二月二十四日奧斯卡頒獎典禮上，李安以《少年Pi奇幻漂流》再獲最佳導演獎，同時拿下音樂原創獎，最佳攝影和最佳視覺效果獎，是當晚典禮上的最大贏家，也是唯一兩度獲得最佳導演獎的亞洲人士。

早於二〇〇六年，李安導演的《斷背山》獲得奧斯卡金像獎的最佳導演，最佳改編劇本及英國影藝院的最佳影片……這部影片所獲的「最佳導演獎」替李安的事業開創高峰，然而同性戀的主題即使在二十一世紀初葉的美國若干地區，仍舊觸犯禁忌。它的票房和受歡迎程度仍略遜《臥虎藏龍》一籌，換言之，即叫好不叫座。

倘若回頭看「臥」片在美影界，不僅叫座（票房超出一億美元，打破外語片的記錄）而且叫好！在眾多影評之中，以千禧年底紐約客雜誌 Anthony Lane 所寫的氣派最恢宏，且具有世界觀。他稱讚《臥虎藏龍》不僅是同類功夫片中的登峰造極之作，並且認為李安能沿著三、四十年代歐洲傑出導演麥可．寇蒂斯（Michael Curtiz，執導過《北非諜影》等名片）的足跡，以一個外來人的身分，解讀神祕的新大陸，而創造另一種不同形式的電影，而使美國的影業無懼於外來的威脅，Anthony Lane 說，好萊塢極需像李安這樣品格高尚、富幽默感的藝術工作者。若仔細玩味這番話的涵意，似乎有一絲沙文主義，縱觀好萊塢影業獨步全球數十年，美國影評人難免會帶著曹操煮酒論英雄的筆調，讚賞劉備。

包裝中華文化

《臥虎藏龍》除了叫好叫座，創下票房佳績，這部影片最大的意義，在於李安能藉用好萊塢的方式包裝中國文化，而達到廣為流傳的目的，使之成為國際文化現象，雖然前此，胡金銓、候孝賢和楊德昌等，能在國際影展獲得獎項，為中國人揚眉吐氣，但卻不能普及於一般大眾。

就在奧斯卡揭曉的前兩星期，紐約時報刊出近兩頁的李安專訪。它是「名導演」系列訪問之一，在這篇對話裡，李安透露對他影響最深的一部國片，是樂蒂和淩波所主演的《梁山伯與祝英台》，他坦言它並不是一部最偉大的中國電影，但卻能使觀者如醉如癡，對於當時的社會和他個人都投下不可磨滅的印象。

梁祝瘋迷台灣

李安在這篇文章中告訴紐約時報的記者 Rick Lyman，「梁祝」所以能轟動票房，創下許多觀眾一看再看的記錄（甚至有人看了五百遍），是因為片中所流露的華夏風味，李安說中華民國政府從一九四九年遷台以後，人們對於故土及文化仍懷眷戀，但是年輕一代並無具體印象，李安當年看了這部電影，以為這就代表中華文化，當紐約時報記者要求和李安一同觀賞一部他所鍾愛的電影，並請他解釋其中奧妙的時候，李安挑了「梁祝」，他說，這個片子也連帶讓他想起自己天真無邪的年代。

李安說，「梁祝」屬於比較舊式而又女性化的電影，男主角是女（明星）扮演男人角色，女主角女扮男裝出外求學，或許一些知識分子會看出同性戀的意味，但一般人卻對電影當中的性別問題分辨得十分清楚。他記得那時候家住台灣的東部，「梁祝」先在北部及西部上演，當他觀賞這部影片之前，其中的歌曲，已經流行開來，他也能朗朗上口，印象最深刻的一次是，颱風來襲，他父母親叫他們兄妹好好在家待著，他倆要去看梁山伯與祝英台。據他所知有些人帶了便當，從早看到晚。他說他對華夏文明最早的認識，亦部分得自該片。

甚至後來回大陸拍電影，他仍舊對真正的中國欠缺瞭解，於是擷取腦海中的一些中國印象（包括梁祝一片所打造的），來塑造電影裡的鏡頭。李安解析梁祝情史裡的小橋流水、深宅大院、名山古剎及忠孝節義的觀念，也就是《臥虎藏龍》裡的故事架構。

李安認為，由李翰祥所導演的「梁祝」，並非中國電影裡的頂尖之作，可是它所表達的方式直率、無邪，讓你一邊看，一邊落淚，即使和紐約時報記者一塊觀賞的時候，看到樓台會的那一場戲，李安仍舊情不自禁地流下眼淚。他再舉例像英格瑪柏曼的《處女之泉》、狄西嘉的《單車失竊記》和《東京故事》等佳片，都讓你感覺看完以後，好像換了一個人，「但是等我人生閱歷漸豐，就不大容易流淚，尤其是開始拍電影以後，我就不記得曾經在戲院裡掉眼淚，即使流淚，也因為聯想到其他的事，而非單為那部電影。」

很少開門見山

李安描述這部邵氏公司出品的「梁祝」、一開始的時候，是一場街景，鏡頭接著轉向女主角閨房閣樓的陽台，背後有女聲吟唱蘭質慧心的祝英台，被關鎖在高牆和後花園之內……

李安向紐約時報的記者解釋，中國的電影啟頭時候，會先瀏覽四周的環境，然後再把焦距放到主角身上，描繪她（或他）眼裡所見的東西，通常觸目所及，大多是自然界的景物，像天上的月亮，園內的花草，然後再看自己。他強調傳統中國電影的手法，總是繞彎子，借隱喻之物，來表達主角的心情或意向，很少開門見山地攻略主題。

李安指出，梁祝在劇情上有兩點打破傳統：第一、父母親頑固，判斷力差，因此毀了女兒的一生。第二、祝英台聰慧異常，當初便以假扮男郎中的計策，說服父母，讓她出外求學，待進了書院，幾番以她的機智，化解洩露女兒身的破綻，在進德修業方面，她對孔夫子言行的瞭解亦超出同儕之上。李安說這些違反中國傳統的劇情發展，並不為顛覆社會秩序，而是為加強悲劇的效果。

梁祝感人之由

李導演認為梁祝所以感人，還因為它是從中國的地方戲改編，黃梅調的唱詞優美，引人入勝，像十八相送的一段；揉合觀魚、看牛、鵝、牡丹等，一路借「物」反映女主角的心事和感情，其中配合男、女主角走臺步、理水袖、舞弄摺扇的表演，真是無一處不美，他說《臥虎藏龍》之中，玉姣龍在酒樓的一場武打戲，安排她手中拿著一把鐵扇，存心融合「美」與「力」。

拍《臥虎藏龍》的時候，李安想把中國傳統戲劇中女性的陰柔之美，摻合武俠片裡的陽剛之氣，相互搭配，同時在人物塑造上，更兼採西方心理分析學個性發展的模式。他說拍攝時，並無信心是否被人接受，當時所預期的觀眾是亞洲人，或愛看藝術電影（arts film）的西方觀眾，沒想到竟被西方主流社會的觀眾所青睞。

李安說，梁祝情史在戲劇層次上，段落分明，前半部是喜劇，後半段是悲劇，到了長亭送別，片子的步調便慢了下來……他指出許多西方觀眾，甚至亞洲觀眾都沒認識到，過去二十五年中國功夫片在西方漸受歡迎，其中架構皆源自中國戲劇的傳統，它的三部曲是：先擺好架式，爾後重整方位，然後再擺好架式，如此周而復始。

凡看過《臥虎藏龍》一片的，對於章子怡最後飛騰而去的鏡頭，都留下深刻印象，李安說，直到一個月前，他有機會重看「梁祝情史」，才發現：兩片女主角的結局相同，他們都是從橋上一躍而下，然後再飛向雲端。事實上，臥虎藏龍的小說原著也有這一景，正和他記憶中的梁祝結尾相似，想來也不是偶然。在電影主題方面，臥虎藏龍和梁祝情史也有異曲同工之妙。因為傳統禮教的約束，使得相愛的男女，不敢說出心中的感覺，凡此迂迴的表現方式，也成為另類的藝術表達，那股受壓抑的情感，即是潛伏的龍與虎。

李安最後總結：每部好看的電影，都有它曲折動人之處，像臥虎藏龍就是「不能訴諸語言的感情」，像「理性與感性」，就是兩姐妹個性的轉變，二人經歷情感的波折之後，互換個性，本來外向的，後來變得內斂，另一位則適得其反……李安說，他希望自己拍的電影，能把曲折動人之處先予沉潛，讓觀眾坐在漆黑的戲院細細品嚐，直到曲終人散，而後領會它的奧妙之處。

李安的記者會

讀完紐約時報的李安專訪，不由然使筆者想起九〇年代初期，李安剛出道的時候，曾攜帶處女作《推手》前來德州參加休士頓國際影展的情景，記者會上，他著白襯衫，米色卡基褲，白色球鞋。衣著簡樸，言語態度謹慎、謙和，他說：《推手》一片是先獲得新聞局優良電影劇本獎，才受到中影公司邀請攝成，僅憑新聞局四百萬的國片輔導金和中影九萬美金的資本，在二十四天拍完。過程當中的心理壓力很大，影片裡的中餐館、中文學校和華人活動場面，都是靠華人社團大力協助，得以如期竣工。他並且感謝在醫院實驗室工作的妻子，讓他全力鑽研電影，寫下《推手》的劇本。

推手的故事敘述一位老父自中國來美投靠兒子，與洋媳婦之間，因語言隔閡，產生疏離、誤解，最後老先生離家出走，無法適應美國商業社會的現實，衍生一連串的曲折情節，李安描寫在美的中國老年人的境遇，入木三分。一九九一年該片在台灣創下國語片的最佳票房記錄。李安在記者會上表示：正因為近年來國內製片跌到谷底，他才有機會拍片，因此，最壞的時候也未嘗不是一個契機與轉機。在記者會上筆者立即感覺到李安具有如此寬闊的視野和胸懷，他日定能拍出更好更叫座的電影。

「十年一覺電影夢」

二〇一一年，筆者和大學同窗以越洋電話敘舊，她說最近讀了一本好看的書，不僅因為談的是李安的電影，而且作者的研究功夫做得好，增加了這本書的深廣度，頗值一讀。次年秋天，北美洲德州休士頓美南華文寫作協會研讀了這本李安的傳記——張靚蓓所著的《十年一覺電影夢》，這本書是張靚蓓十餘年前在中國時報提早退休後、傾注數年寶貴時光、花費退休金做旅行採訪，再透過她的專業素養，把李安在《色戒》之前的一連串電影摺疊成冊，當讀者展卷閱讀時，不僅看見李安的創作結晶，同時也從李安的文化身分和境遇之中，讓讀者回顧自己所走過的時代和路途，這是閱讀該書比較意外的感受。

由於作者張靚蓓不僅討論李安所導演的片子，同時介紹李導演的出生、成長、求學和每一部電影的拍攝歷程和客觀環境與背景，眾所周知電影藝術包括了文學、歷史、音樂、美術、戲劇、舞蹈……可謂包羅萬象，洋洋大觀，全書共四百九十一頁，雖然篇幅長，書本厚，那天出席讀書會的成員都覺得它是一本趣味盎然的好書。

談論一位電影導演的作品，當然要探索此人的文化根源，李安是在台灣出生的第二代外省人，父母親都從事教育工作，替李安中原文化的傳承打下深厚的基礎，他父親曾任南台灣的名校台南一中校長，李安說：「父親對我這個長子期望很高，讓我一直背負望子成龍的壓力」，兩次大專聯考落榜，李安當然對父親懷有愧疚，後來他拍的《推手》、《喜宴》和《飲食男女》，被影評人稱為「父親三部曲」，並非偶然。

李安除承襲中原文化，並且赴美留學，這也是遵循父親希望他將來回國教書的指示，讀書會的成員之一李靜香（萊斯大學退休語言學教授）指出，李安在美國大學接受拍製電影的正統訓練，日後能融會西方電影的運作和機制，而使得成品能夠打進國際市場，這和他在紐約大學讀電影有著密切的關係。

經歷文化衝突

其次在他遷徙和生長過程之中，遲早發生了文化衝突的問題；他的第一波文化衝突發生在父親調職，全家從花蓮遷居台南之後，李安說他所就讀的花蓮小學，行的是美式開放教育，在校說國語，不施體罰，重啟發性的教育。但是搬到台南以後，就說台語，日本填鴨式的教育，注重升學，並且打罵體罰。

待李安抵達美國之後，他經歷了第二次文化衝突和震盪，李安在伊利諾大學圖書館大量閱讀以前在台灣被禁的左派書籍，如老舍及共產黨的文藝及宣傳書籍，及斯諾（Edgar R. Snow）的《西行漫記》（Red Star over China）等，那時他才發覺：「搞了半天，原來我們是壞人。」

若從傳記反映當代歷史和世事的角度看，李安一路在美國經歷求學、結婚，打拚事業的重要人生歷程，對於我們這一代移民國外的炎黃子孫而言，都可以在這本書裡找到自己的影子，似乎也能尋獲一些問題的答案。

談「艾瑪經驗」

讀書會上討論熱烈的話題首推李安的電影；他拍了父親三部曲《推手》、《喜宴》和《飲食男女》以後，受邀到英國拍珍奧斯汀的著名小說《理性與感性》，大家都知道英國是莎士比亞的原鄉，是最擅戲劇的老字號，李安剛接到劇本時，一看是珍奧斯汀的原著；「心想這些人的腦袋是不是短了路？怎麼會找上我？」在有關的章節裡，我們讀到謙虛務實的李安在拍完這部影片後，有感而發：「對我個人而言，學得一個寶貴的經驗，而且導演的權威必須去掙」。原來女主角之一艾瑪・湯普森（Emma Thompson），是英國的大明星，又是已經寫了四年的該影片編劇，所以對李安造成很大的壓力，根據李導演在書中的描述：她既世故，又完美，包括她的不完美（叛逆、不拘、調皮、率真、罵人）都是完美得無懈可擊，人品、學識、見解，好到無話可說，李安說：「我碰到其他人演員就是演員，從無一人給我這麼大的壓力，好累啊！當時真恨得我牙癢癢的。」

李安說待電影殺青之後再見面，拍片期間的潛在張力已消失，而親切的知己感油然發自內心。從這件「艾瑪經驗」看來，聰明的李安並沒有和艾瑪演出針鋒相對的場面，而變成了好朋友，這就是李安異於常人之處，也是他成功的關鍵之一。

人情處世練達

書裡所透露的這場導演和女主角兼編劇之間的戲外戲，其高潮迭起和動人之處比起珍奧斯汀的小說也毫不遜色。有人曾問起執導西片和國片有何不同時，李安說：「一個是總統，要出去取悅別人，一個是皇帝，大家聽令於我，」乍聽之下，許多人覺得好笑，但也不無道理。

讀書會上語言學教授李靜香用「fluidity」、「evolving」兩個字來形容李安隨機應變以及能屈能伸的作風。隨後她特別解釋「fluidity」指他拍攝電影的作風、手法（包括意境的要求和塑造），「evolving」指導片子的內容和主題。

在李安所拍的西片之中，《理性與感性》替他在國際之間打開了電影事業的局面，奠定導演的地位，根據《十年一覺電影夢》一書，李安認為一九九七年他所拍攝的《冰風暴》，無論影片主題、攝影、美術設計、音樂都具有藝術上的獨特性，是一場不同一般的挑戰，李安說，他是以局外人的身分看美國社會的轉折年代（一九七〇年代），彷彿走進一個地雷區，抓著「家庭」的主題，從反面角切入，談家庭解構及改變。根據李安分析：一九七三年的美國開始性革命、種族抗爭、反越戰、石油危機、大學裡迷毛語錄……即使在美國所拍的電影中也很少看到有什麼嚴肅的影片探討過這個年代，李安說他喜歡《冰風暴》的原因也在於此。但這部片子和兩年後所開拍討論南北戰爭的《與魔鬼共騎》，都遇到票房和發行不理想的事實。可是李安說，當人們介紹他導演《理性與感性》及《臥虎藏龍》時，大家會說好，但是一提到《冰風暴》，多半眼睛為之一亮。

《冰風暴》讓李安第一次碰到票房不熱絡，引出李導演一番頗富哲學意味的感慨，他說：我覺得如果世間有所謂的最終價值，經過時空篩選，逐漸就會有一些價值沉澱出來，這件事你沒辦法避免，你不服氣也沒有用，事實就是如此，從一部電影誕生的那一刻起，它就開始經歷不斷的檢驗過程，如今經由網路的訊息交換就更加便捷，鍛鍊的火也燒得更旺，至於有多少真金，就看滅火之後的灰燼中留下的是什麼了。如果將李安的這段話適用於人生奮鬥的格言，也十分恰當。根據這本書的記述，《與魔鬼共騎》在發行的時候，「有些地區居然出現影片商不收貨但付錢的情況」，讓李安的心裡十分不好過。

對於二十世紀下半部在台灣生長的華人而言，大家普遍的態度都是西片比國片好看，此一趨勢在新舊世紀之交，逐漸有了轉機，因為坊間已出現若干好看的國語片，如果要舉出一個明確的座標，則非《臥虎藏龍》莫屬，這本書使用很大的篇幅談論中國武俠片的沿革和派別，以及和大陸香港等地合作拍片的經驗，但比較搶眼的章節則是《臥虎藏龍》的流行，對中西文化交流所產生的影響。

從李安的角度看，《臥虎藏龍》打破了中西文化的藩籬，證明西方主流觀眾已經開始接受不同的電影語和文化，同時顯示大眾文化的主導權並非美國專利，各國都有機會參與製造。李安說：人有共通處，也有相異點，你可以表達自己的真正想法，有時有機會成為主流，這對美國以外的大眾文化是一種很好的鼓勵，對美國也是一個很好的教育。

言及《臥虎藏龍》的影響力，李安說有些美國學校更以該片的英文劇本做教材，這些都是當初沒有想過的事。關於做教材的例子，李靜香在萊斯大學教書時，就設計一套混合網路及電影（《臥虎藏龍》）的教學法，並且在教學同業的年會上做了一篇報告，筆者將其首尾做了一篇報導，刊載於二〇〇二年五月十二日的世界週刊，想必居住紐約的李安或以自己直接閱讀或由親朋轉告獲悉。

對同性戀的表達

二〇〇四年，李安拍攝了《斷背山》，而且在次年奧斯卡的頒獎典禮上獲得最佳導演獎，讀書會的王絹絹曾讀過原著，也看過這部電影，覺得十分感人，她指出李安在這部片子裡對「同性戀」有很深入的表現和探討，而先前的《喜宴》，不過是用「同性戀」來製造喜劇趣味而已。

讀完這本書，你會發覺李安是一個循規蹈矩的平常人，就像我第一次在《推手》記者會上所得的印象一樣，謙和有禮的程度已到了讓你懷疑這個人是否具有複雜多變的創作力？像李安這樣生長在傳統士大夫的家庭，父親從事教育工作，自小到大，除了喜歡電影（違背父意之外），並無其他叛逆的行為，若從這個角度看，他本身就是一個充滿衝突性和戲劇性的人物。

讀書會的結論是：李安能拍出這樣好看的電影，真是一個聰明絕頂的好男人，也多虧有一位賢內助，所謂成功男人的背後一定有一位好幫手，美南作協的副會長王雲英說，所有做丈夫的都要向李安看齊，早年在家兼任奶爸和廚師，待飛黃騰達之後，依然和糟糠妻形影相隨。未料討論會的話鋒突然轉了向，一位文友說這本書把李安寫得太完美了，我們期待看到一本以不同角度寫李安的書！

（原文刊載於《美南新聞》週刊二〇〇一年四月八日，後加添補）

2001年李安以《臥虎藏龍》獲奧斯卡金像獎最佳外語片。（照片來源：轉載自美南新聞）

為「南京浩劫」尋根，記英年遽逝的張純如

人是歷史動物，活得愈久、便愈能體會生命意義中的歷史成分，倘若世間歲月少去「歸屬」和「傳承」的情操，那麼人的存在又何異於其他動、植物？歷史有如一面鏡子，史書乃鑑古知今的依據，單就撰史的工作而言，炎黃子孫已遠落列祖列宗之後，中國近代史學家吳相湘認為：第二次中日戰爭的史實對當代或後代的中國人最具啟示和鼓舞作用，但學術出版界卻少有此類史書，尤其傳媒如電影電視充斥其他朝代的故事，相形之下有關宣揚抗戰史實的作品比較少。

史失求諸野

不意抗日戰史中最殘絕人寰的一頁……「南京大屠殺」發生後的六十週年，一九九七年十二月，卻在美國的主流社會出現了一本記述這段歷史事件的專書，數月之間，印行十六刷，銷售十二萬餘冊，直搗紐約時報的暢銷榜。

《南京浩劫：二次大戰中被遺忘的大屠殺》的作者張純如說，她寫這本書的最大願望是希望世人不要忘記一件慘痛的歷史教訓，而更重要的是激發日本人的良知，坦承他們應對大屠殺負責，她並引用諾貝爾和平獎（一九八六年）得主維瑟爾（Elie Wiesel）所提出的警告：遺忘大屠殺，就是第二次的屠殺。

正如哈佛大學歷史系主任威廉柯比（W. C. Kirby）在書前的序文所說：作者張純如的分析，比過去任何人都要透徹清晰，為了更深入瞭解整個事件，她大量地使用各種資料，包括第三者不容懷疑的證詞。所謂第三者是日本進入南京時還留在城內的一小撮歐美人士，他們組成「南京安全區國際委員會」，甘冒生命危險，拯救數十萬中國難民，更難能可貴的是：這些受過高等教育的牧師、教授、商人，深諳語文溝通的技巧，留下影片和文字記錄，有助於證實歷史的真相。

細察這本書在坊間所造成的先聲奪人之勢，除了「書」本身的優越條件，還因撰述期間，張純如在一九九六年發現了珍貴的一手資料，係德國商人拉貝所整理有關南京大屠殺的兩千頁檔案，其中包括目擊報告、剪報、電報及暴行照片。紐約時報獲悉後、特別選在南京大屠殺五十九週年紀念的前一天（十二月十二日）予以顯著地位刊載，接著美國ＡＢＣ電視網主播比得堅尼斯、有線電視新聞ＣＮＮ、美聯社及其他媒體相繼跟進。

「南京浩劫」一書的本身優越條件為何？第一，在美出生的張純如學歷、資歷完整，伊利諾大學畢業後，曾擔任美聯社及芝加哥論壇報記者，後來獲約翰霍普金斯大學寫作研習計畫獎學金，在該校取得碩士學位，她的第一部書《錢學森傳》廣獲好評，榮膺麥克亞瑟基金會「和平與國際合作計畫獎」。第二，若從多元文化的背景著眼，她的父母親畢業於國內台灣大學，來美雙雙獲得哈佛博士，她順理成章地攝取了兩種文化之優點。如果從歷史角度掃描，目前生活在北美洲的炎黃子孫，乃中華文化繁衍過程之中，享有最多的自由、而且是物質條件比較富裕的一群，《南京浩劫》一書發軔於此，絕非偶然！

缺史之緣由

加大柏克萊東亞研究中心主任衛克曼（Frederic Wakeman）指出：二戰以後研究中國問題的學者們、大多把精力放在中國內戰和中國共產黨的崛起，很少有人追究戰爭期間日本軍人在中國的殘暴行為。衛克曼認為：形成世人不批判日軍罪愆的另一個原因、直接和美國戰後在亞洲的政策有關，身為自由陣營領袖的美國，因擔憂共產勢力蔓延，一心希望加速日本的重建工作，只有少數的幾名軍事領袖受到懲罰，其餘便草草了事，以至於美國在戰爭結束後所沒收日本記載本身暴行的檔案和證據，都悶聲不響地裝箱運還東京。

曾於九四年手著《日本的囚犯：二次大戰太平洋戰區的俘虜》一書的澳大利亞歷史

學者道斯（Gavan Daws）說：日本在戰爭期間所犯的種種罪狀於是便自國際政治舞臺的議程表上銷聲匿跡。更由於二戰後，大陸變色，中共最初希望得到日本的外交承認，繼之經貿和資金方面亦有求於彼，於是不鼓勵人民公開討論或分析抗日歷史，並且屢次禁止民眾向訪日的官員作公開抗議，它的教科書裡也一向低調處理日本的侵略行為，刻意凸顯國民政府的過錯。

毛感謝日本

根據李志綏所寫《毛澤東私人醫生回憶錄》的記載，毛曾說我們要感謝日本，如果沒有日本侵略中國，我們就不可能取得國共合作，我們就得不到發展，一九七二年，日本前首相田中角榮訪問北京，其所受禮遇、一如尼克森，而與毛交談的融洽、更勝於尼克森，「當田中替日本人為大戰期間侵華的罪行道歉時，毛說如果沒有日本侵華，也就沒有共產黨的勝利，更不會有今天的會談。」

放眼海峽的另一岸，國民政府痛定思痛，致力生產建設，朝向現代國家的規模邁進，但在對日關係上，與中共的處境與姿態相同，為了切身生存問題，亦有討好東亞經濟強鄰的苦衷。

日本的憂慮

本文主旨不在重覆一九三七年底日本獸軍於中國六朝古都、所製造的但丁煉獄，而著眼記述張純如這位美國出生的華裔青年、是在怎麼樣的主、客觀條件之下，促成她撰寫此書，這本書又如何在海外華人社會引起熱烈迴響。

至於《南京浩劫》一書之昂然進入世界媒體舞臺，其有案可稽的證據、即銷行數字達三〇〇餘萬冊的美國《新聞週刊》於十二月一號摘錄該書的精華，同時在日文及韓文版亦刊出該書的摘要，歐洲版則是以英文與該地區的讀者見面。

一九九八年五月十一號出版的《時代雜誌》在它的獨家新聞欄指出：日本現今處於經濟萎靡的低潮，十分擔憂《南京浩劫》一書對日本國際形象和外貿所造成的影響，日政府特別在五月初僱請蓋洛普公司進行調查，藉以試測美、日友誼是否受到損害。

典型在夙昔

追溯張純如撰寫該書的根源，她的父母親張紹進、張盈盈於一九六〇年代初葉、自台灣隨著留學潮和美國亞裔移民上升的曲線來到哈佛大學深造，後來兩人分別自該校拿到物理及微生物博士學位。

張純如的祖父張迺藩先生，畢業於南京中央大學，做過江蘇省太倉、宿遷兩縣縣長，這兩地於抗戰之初，相繼淪為戰場，他一路目睹日軍暴行，並於大後方購得「南京大屠殺實況記錄」，告諭四個兒子不可忘記血的教訓。民國三十八年來台後任職黨部、教育部主任祕書，民國六十一年退休，任私立元培醫專校長，四年後移居美國，一九九八年元月逝世前，知道孫女純如撰成英文書寫的《南京浩劫》。張純如的外祖父張鐵君先生，是中華民國知名報人，曾任國民黨中央評議委員，畢生宣揚儒家及國父思想，建構三民主義哲學體系，著作等身，一九九四年歿於紐約，張純如的母親排行老三，大姐張菱舲是一位詩人，曾在臺北中華日報跑文教新聞。

週末的絃歌

張盈盈說：我的父親一生維護中國文化，要我們保持優良的道德倫理觀念，他經常提醒我們科學師法西方，但在道德上，可要向我們中國人學。當我有了兩個小孩以後，念及做一個中國人至少要會說中國話，於是在這中西部伊利諾州的大學城，我們和幾家要好的朋友如鄭錦全、劉兆漢（筆者按：中華民國前行政院副院長劉兆玄之兄，其子大川曾被柯林頓政府網羅，替總統寫演講稿）等成立了一個中文班，鄭教授是位國際知名的語言專家，課餘自編教材到了週末和五個蘿蔔頭周旋，而這幾個小孩又非常頑皮，不好好上課，氣得鄭教授幾乎不想教了。」而張盈盈口述開辦中文班的往事、在美國華人聚集的大城或小鎮，顯然具有普遍性。

展露文學天分

張純如自小便展露文學天分，喜歡讀書、說故事。小學四年級的時候、寫了一首題名為〈詩〉的詩，行文之間把詩的意境比作蠶結繭。張純如的母親回憶：「這首詩和其他幾首彙集成一個小冊，拿去參加整個學區的作文比賽而得到冠軍，並且代表學區參加『州』的比賽。後來純如寫的第一本書英文名叫：*Thread of the Silkworm*，好像又和蠶絲有關，中文譯本的書名為『錢學森傳』，不知情的人乍看英文書名，還以為寫中國人如何養蠶抽絲呢！」

一九九五年，當純如決定寫南京浩劫的時候，張盈盈一則以喜，一則以憂；喜的是：她有這種抱負和志向，要讓西方人和全世界的人民瞭解這段歷史的真相，讓三十萬受難者能在歷史上有適當的位置。憂的是：在三兩年內要和這許多殘酷的圖片和資料為伍，對她的身心會產生怎樣的影響？「果然她有時深夜從加州打電話來告訴我，因為看了那些照片、資料而氣得發抖，睡不好覺，做噩夢。有一陣還嚴重到掉頭髮、體重減輕。」

進入暢銷榜

《南京浩劫》出版兩個月後便進入紐約時報的暢銷榜，當時她正在休士頓打書，果然她的三場演講，對休士頓華裔學習中文的少年產生了迴響，事後（四月十二日）《美南新聞》星期周刊登載了三篇華裔少年聆聽張純如演講的感想，他們除了讚美《南京浩劫》一書的成就，也紛紛抒發自己未來的夢。一位名叫傅婷婷的十六歲 Bellaire 高中女生寫道：「長久以來，我都擁有一個成為作家的夢想，所以很重視你對這方面的探討，……你的鼓勵給了我勇氣去突破亞裔『數理專家』的模式，雖然我很尊重醫生、科學家和電腦程式師（我父母都是電腦程式師），但是我知道我的最愛還是寫作，而今由於你的一席話，使我有了勇氣正式去告訴大家，我真正的興趣所在。」

一九九八年三月中旬，張純如到華府打書，當地僑社替她舉辦盛大的餐會和演講會，前中央日報駐美特派員王嗣佑在《華府郵報》上撰文：「如果胡適博士還活著的話，一定會發起為她建一個銅像」。同年五月初她再度前往華府接受美華婦女協會頒贈的「年度傑出人物獎」，她致詞時把自己的成就歸功於母親及家人的鼓勵，又過一個月，她前往伊利諾大學所附設的實驗中學接受傑出校友獎。

推手「史維會」

張純如動筆寫《南京浩劫》的近因則是一九九四年，她參加「世界抗日戰爭歷史維護委員會」在加州庫帕提諾（Cupertino）所舉行的一次會議，紀念在南京暴行下的無數罹難者，當時她在展覽廳看到的照片，把小時候聽到的故事一一定了影，一些被斬斷的首級、開腸破肚的人，和被強暴婦女痛苦和羞慚的表情，讓任何人看了都椎心刺骨。

在會議中，她還聽說有兩本關於南京大屠殺的小說正在進行，《天堂樹》和《橙霧帳篷》（一九九五年出版），另有一本圖片集《南京大屠殺：一段不容抹煞歷史圖片故事》，但在當時還沒有一本用英文寫的專書。於是張純如興起了「舍我其誰？」的豪情壯志。

史維會的全名是：「世界抗日戰爭歷史維護委員會」，成立於一九九四年，早年擔任史維會舊金山分會的三屆會長張碚表示：史維會是一個歷史及文教性的團體，鼓吹人道人權，主張回歸歷史真相，替南京大屠殺的倖存受難者、慰安婦、及細菌部隊的受害者討回公道，張碚說，我們是一個業餘的社團，只能盡力而為。

張純如寫《南京浩劫》是因為看到史維會的展覽圖片而起，書成之後，北美各地史維會的分會對張純如巡迴打書的活動都盡了最大能力予以協助，這些城市包括紐約、芝加哥、聖路易、休士頓、波士頓、底特律、舊金山、洛杉磯、明尼蘇達州的聖保羅、加拿大的多倫多和溫哥華市等。至於沒有分會的城市，只要她打電話需要幫忙，史維會一定想辦法在該地找熟人，替她安排華人的集會。

休士頓一瞥

單以休士頓為例：事先向中、英文媒體發佈新聞，聯絡接受採訪的時間，安排僑社餐會，佈置演講會場，提供張純如前往各處拜會、活動的交通工具，準備每次演講會後購書、簽名所需的數百本的書，又譬如在休士頓萊斯大學圖書館所舉辦的演講，華、洋聽眾不下四、五百人，史維會的十幾位義工特別準備了精美的點心，飲料。至於其他城市如多倫多、華府舉辦的音樂會和數百人餐會，則勞師動眾的規模就更大。

休士頓史維會聯絡人劉虛心，台大商學院畢業，擔任銀行副總裁十餘年，她說：張純如的機票由出版商負責，但旅館費和其他費用全是休士頓的史維會所張羅，三場演講會一共賣去六百餘本書（不包括在美國書店售賣者），這對於平日沒有買書習慣的華裔而言，已是一項不錯的成績。

根據分散北美各地史維會的聯絡人、交換心得的結果，大家都是儘量動用自己的人脈關係和資源，把新書發表會辦得有聲有色，史維會的成員則希望能幫助它推向「叫座」的顛峰。爾後《南京浩劫》打入了暢銷榜，其間史維會的推波助瀾之功不可沒，但張純如到美國書店簽名銷書時，華、洋讀者經常各居其半，亦為不爭的事實。

雙親的驕傲

張純如到達休士頓的第二晚，劉虛心安排她和美南華文作協的二十餘位會員舉行餐會，會外人士包括休大超導中心正、副主任朱經武、朱唯幹及同校沈良璣教授三對夫婦，他們都是張純如父執輩的朋友，其中沈教授在她父母親結婚典禮上擔任男儐相，朱唯幹太太和純如母親是高中的同窗好友，於是席間讚美聲摻和了叮嚀語，那份溫馨的背後交織著華人同學、鄉親等綿密相環的人際關係。

一九九八年採訪張純如，是一次十分愉悅的經驗，那年她所推出的《南京浩劫》一書，不但進入美國暢銷榜，日後還成了國際暢銷書，但萬萬沒想到風華正茂的文壇才女，在二

○○四年十一月九日竟厭世身亡。根據美聯社十一月十一日的新聞報導，張純如早先兩日被人發現在自己的汽車內自殺身亡，她的經紀人蘇珊拉賓說張純如患有嚴重的憂鬱症，數月前曾入院治療，生前正為第四本著作進行研究工作，得年三十六歲。

張純如的母親張盈盈女士於二○一一年出版《不能遺忘的女兒》一書，它披露女兒生前六個月著手二戰期間美軍在菲律賓俘虜營的一段歷史書寫，因壓力過大，服用鎮定劑，根據張盈盈（曾獲哈佛大學生化博士）所做研究，這類藥物在使用和停藥的初期，患者可能有自殺傾向，竟而導致純如輕生。

二○一五年筆者隨紐約聖若望大學東亞研究所前往南京大學交流，行程中參觀了校園內為她設置的紀念館和雕像，腦海裡時而浮現她在休士頓演講的音容笑貌，痛惜逝者不可追，但張純如所留下的《南京浩劫》一書，不僅是她雙親的驕傲，更為抗日戰史彌補缺憾，永垂青史。

（本文原載一九九八年十一月二十二日《美南週刊》，後加添補）

上　《南京浩劫》（*The Rape of Nanking*）一書作者張純如（右二）與父母親（左二及右一）及其弟合影（照片來源：張盈盈女士）
下　1998年張純如為《南京浩劫》一書在全美巡迴演講，這是她在休士頓中華文化學院的場景。（石麗東攝）

哈金的英文寫作之路

一九九九年秋天，一位艾默瑞大學（Emory University）華裔文學教授金雪飛（筆名哈金 Hajin），以《等待》（*Waiting*）一書，獲得第五十屆美國國家書卷獎（National Book Award），消息傳來，立即在華人社區和美國主流媒體的藝文版造成不小的騷動。這件得獎消息之不尋常，在於英文並非哈金的母語，一九八五年，哈金以大陸留學生的身分來到美國，四年後，獲得麻省布蘭得斯大學（Brandeis）文學博士學位，一九九三年應聘至艾默瑞大學教授詩歌寫作，從這時候起，他才開始提筆寫小說。

得獎捷報頻傳

綜計自一九九〇年以來，哈金所出版的英文著作有：中英文詩集七本、四部短篇小說、八本長篇小說和論文集、散文集和李白的傳記各一。他的得獎記錄包括：《好兵》獲美國筆會的海明威小說獎，《等待》獲美國國家書卷獎及美國筆會的福克納小說獎，《新郎》獲亞裔美國文學獎及湯森小說獎，《戰廢品》入選紐約時報十大好書，獲美國筆會福克納小說獎，以上的得獎率再加上入圍獎項的次數，不由然令人擊節稱賞。

記得二〇〇〇年春天，筆者在休士頓參加一個「國際電影文化節」，當時知名導演謝晉在這場盛會中放映《鴉片戰爭》，在開幕酒會上遇見一位紐約來的文學教授董鼎山，理所當然的話題應是電影，但卻不由然地談起了哈金，董教授說前不久剛完成了一篇哈金小說的英文書評，他認為：用英文寫作成名，是許多負笈來美的華裔學子的夢想，然而哈金能擊敗美國頂尖的作家，獲得這項榮譽，除了他自己所說的「用功和運氣」之外，顯然在駕馭語文的能力方面具有特殊的天分。董教授的看法足以代表許多華人的共識。

獲得國家書卷獎之後，哈金成為媒體爭相採訪的對象，千禧年二月，紐約時報的星期雜誌以哈金為題做了一篇封面報導，名為〈哈金的文化革命〉，是由該報書評編輯前往哈金擔任教職的亞特蘭大市艾默瑞大學採訪，所謂「文化革命」指的是他以第一代移民從事非母語的英文寫作，與大陸六〇年代的「文化革命」並無直接關係。誠然，全文讚揚與驚訝的成分居多，但它在副標題中強調「這位在毛澤東時代當過兵的移民小說家，口說英文仍有問題，怎麼又能把小說寫得像享利詹姆斯（二十世紀初葉的美國知名作家）一樣？」待進入正文，又重覆數回哈金「口說英文仍有問題」的描述。

榮膺 Young Allen 講座

筆者看到這篇文章後，輾轉接通了哈金家中的電話，請他談談紐約時報的這篇訪問，當時剛從賓州講學返家，哈金說：去年獲獎以後，學校贈予 Young Allen 講座，等於加了薪，下半年休假不教課，一方面應邀到外地演講，同時還抽空寫作，忙碌依舊。（筆者按：Young Allen 為艾默瑞大學早期校友，中文名林樂知，於十九世紀中葉，赴華傳教四十七年，創辦《萬國公報》，對中國的現代化運動鼓吹甚力，國父孫中山先生當年奔走革命所寫的一篇〈上李鴻章書〉，即在《萬國公報》發表。）

電話訪問之始，筆者開門見山地提起紐約時報星期雜誌的文章，哈金回答：我在課堂上教英文怎麼可能「口說英文仍有問題」，只因為接受訪問，在斟酌答案時，比較謹慎，這位記者應該能分辯兩者之間的差別，哈金指出：那篇訪問有一處形容我「small」，事實上，我北方人的個子要比紐約時報的那位書評欄編輯高，真不明白他為什麼要那樣寫？哈金雖然用疑惑的口氣回答我的問話，但是當然心知肚明癥結何在。

文中另有一處引述哈金寫作老師 Leslie Epstein 的話，稱讚哈金是「擅寫強姦的偉大詩人之一」，哈金說他的老師看到這篇特寫以後，立即打電話來道歉，謂紐約時報的確訪問了他，但他並不是那樣說的，Epstein 告訴記者的原文是：「哈金寫的詩，能把那麼殘酷的場景，寫得如此人性化，這就是一位偉大詩人了不起的地方。」

旅途坎坷不平

哈金的文學天分令師長激賞，然而他躍登美國主流社會文學殿堂的道路、自始坎坷不平。本名金雪飛的哈金，出生於一九五六年的遼寧省錦州市，父親為駐守該城的一名軍官，他七歲時便被送到學校住讀，兩年後爆出了文化大革命，毛澤東下令關閉全國的各級學校，一片混亂之中，他回到家鄉，因為外祖父是地主，母親遭批鬥，屢受折磨，父親的藏書被扔進街坊的火堆、燒成灰燼……

哈金因無所事是，就從眾搖旗吶喊，高唱革命歌曲，走進紅衛兵的隊伍。一九七〇年傳出「蘇聯將攻打中國」的謠言，哈金自幼就想做英雄義士，不願葬身防空避彈壕。當時年僅十四歲的哈金，虛報自己的年齡，加入解放軍，隨部隊開拔到中俄邊境，這頭一年，他在北國冰雪中所渡過的青澀歲月，打造了《辭海》（*Ocean of Words*）一書的背景，哈金說：蘇聯的部隊並沒有打過來，趁著空閒的時刻，就背誦中國的詩詞，或閱讀二十世紀初葉的俄國小說。如今回頭望，哈金在北大荒的「苦」並沒有白吃，其間的經歷，都變成日後寫作取材的寶庫。

十九歲那年（一九七五）哈金解甲歸鄉，因學校尚未復課，他跑到北方邊遠的鄉村做鐵路局的電報員，於是有更多的時間自修，恰巧當地的廣播電台每週六天清晨有半小時教英文的節目，哈金開始按時收聽，有志閱讀英格爾的原著《英國的勞工階級》，他說，以那時候的閱讀能力，要瞭解書中的涵義，還差得很遠。一九七九年，他以自修的學力考上黑龍江大學的英語系，花了四年時光用心讀英文，後來進入山東大學研究院，主修美國文學，當時受到美籍教授的鼓勵，來美深造。

展露驚人詩才

一九八五年，哈金出國、抵達麻省布蘭得斯大學攻讀文學博士學位，第一年的獎學金用完之後，他開始到餐館打工、做清潔工人、剪草、或到工廠做夜班的值工，賺取生活所需。有一回，他在課堂上寫了一首詩，題名〈死亡士兵的談話〉，授課老師叫他拿給同校的另一位兼教職的著名詩人巴達特（Frank Bidart），詩人讀了以後表示：「看見非英文為母語的人，寫出這樣的作品，令人嘆為觀止！」巴達特隨即在電話中把這首詩念給一位藝文雜誌的主編，主編先生立刻決定刊用，數年後，哈金的第一本詩集《沉默之中》

（*Between Silences*）是由芝加哥大學圖書公司印行。

哈金於八九年取得學位以後，有意學寫小說，於是聽從朋友的建議，前往波士頓大學參加「名師班」，拜在Leslie Epstein門下習藝，班上的一位同學說，哈金待人溫文有禮，但是所寫的東西卻充滿暴力，哈金自己解釋：「我訴說的故事並不溫柔，或許一個作家的條件就是出乎讀者的想像之外！」

哈金在波士頓大學擔任了數年講師，九三年於兩百餘名的競爭者當中，脫穎而出，獲聘前往亞特蘭大艾默瑞大學教書，他說當時所以能拔得頭籌，是因為學校需要一位有博士學位並致力寫作的教師，哈金在這個南方大城安頓下來以後，便開始陸續寫作出書。成為美國文壇中一個閃亮的異數。

寫作如烹調

紐約時報的這篇專訪還評論哈金與美國其他華裔作家的不同之點，它說，哈金下筆時並沒有碰到其他像譚恩美等作家、所感受文化上同化過程的一番折騰，而直接把中國的故事搬進來。就這一點，哈金在電話中解釋：此中涉及寫作的取材和處理的問題，他說小說故事是否能被讀者接受或喜愛，就像廚師做菜一樣，大家用的材料都是青菜、魚肉，就要看你烹調的技巧。哈金說他來美國的時間還不算長，對美國文化的認識仍淺，他相信以後會有機會使用美國的素材寫小說。果然十年後，他所出版的《自由生活》實現了他書寫第一代華裔移民武男一邊開飯館，一邊寫詩的故事。

二〇一二年他受休士頓萊斯大學（Rice University）之邀前來發表學術演講，向筆者表示，《自由生活》是他作品之中最鍾愛的一本。在這本書裡他開始使用華人移民的語言，書中最重要的精神是故事主角願意為美國移民生活付出代價，主角武男找到生存的方式和意義，相形之下，類似的移民小說大多著重離鄉的悲哀和失落。

紐約時報千禧年的這篇訪問還指出哈金的小說乃沿襲一種明徹、古典的手法，不像一般現代美國小說，時時提起流行文化如電視節目或電影等生活枝節，哈金說他喜歡讀十九世紀末蘇俄作家托爾斯泰、契訶夫的作品，因為他們寫的是「人的永恆感情」，哈金在一次喬治亞州亞特蘭大市的華文演說中強調，他寫小說的架構乃師法上述幾位俄國作家，但在意境的營造方面，中國古代詩歌、尤其受唐詩的影響很大。

天才、用功孰重？

一位以「典型美國佬」一書成名的華裔作家任璧蓮（Gish Jen）認為哈金的創作方法，

在二十世紀末美國沉寂的文壇帶來一股新氣象，她說這種「師法某一家的做法，可說是非常中國的」，因為美國作家創作時，生怕受到別人的影響，此中涉及寫作理論中「天才」（genius）與「用功」（mastery）的問題，而哈金竟公然表示他想師法何人，這就非常具有挑戰性。

在寫作的方法上，哈金在電話中表示「必然懷著一顆誠惶誠恐的心，要把每一個句子、每一段落、每一章節都全力寫好，有時候為了一個字，或一個表達方式，花了好幾天才把它弄妥，」他強調：寫作真是沒有捷徑！他如此篤實而又推敲的章句，美國書評家紛紛給予「平實而睿智」、「精簡」、「洗鍊」的評語，並且冠以「海明威式的語言風格」。

非母語的寫作

但是哈金在接受媒體訪問時，並不鼓勵青年仿效他的寫作途徑，他說自己從來沒有移民的精神和準備，當初找不著使用漢語的工作，純粹是為了經濟和生存的原因選擇了這條路，他時時感覺到非母語寫作的煎熬和痛苦，甚至形容自己「就好像用殘疾的語言寫作」。

然而哈金如是耕耘數十年而從不間斷他的非母語寫作，必然有其支撐的理由和信念，果然在二〇〇九年底他不經意透露了非母語寫作給他帶來的報償，他在《落地》短篇小說中的自序中說道：「英文寫作的確使我變得獨立和堅強，還給了我一個意外的機會，就是在別的語言中找到讀者。」

在寫作的步驟上，哈金說他先打腹稿，像《等待》一書的腹稿打了十幾年，（主要因為沒有時間坐下來寫）隨後寫大綱，每一首詩，每一部小說都是先用手寫，再用電腦打字，然後經過一遍遍的修改，不知要改寫多少次。

我們對照哈金有關寫作的表白和他揚名美國文壇的事實，便可得到一個謙虛而又苦幹的印象。他作品的取材大多是一九八〇年之前的中國，或今天的美國華人社會，有人認為哈金作品中的若干內涵背叛了中國，哈佛大學的王德威教授曾評論說：「哈金從來沒有寫一個小說是為了販賣東方主義和中國傳統文化，也沒有刻意通過嚴厲批評中國而在西方立足。」

二〇〇九年，哈金在紐約時報的言論版撰文向讀者透露他為何使用英文寫作。當他拿到博士學位之後，幾乎花了一年時光思索「去與留」的問題，雖然中國是他唯一書寫的題目，漢語本是母語，但最後決定像康拉德（Conrad）和納博科夫（Nabokov）一樣使用英文寫作。他說我瞭解我可能失敗，也可能失去一個大好機會：因為中國的語言在近年來被革命運動和政治術語所污染，其中存在很大的改進空間。哈金相信文學可以跨越語言，「如果我的作品出色而且具有內涵的話，它應該對中國人也發生重大的意義。」

作家的生命力

筆者請教獲有文學博士學位的哈金：「中文和英文寫作的重要區別在那裡？」他指出：漢語具有悠久的傳統，「語」與「文」之間的距離比較大，你胸中必須熟知一些典故，文章才有看頭，而中國文學一向在詩詞方面的成就比較大，尤其唐詩的文字簡鍊，意象明晰，以前自己雖然在失學的情況下，還背誦了很多。相對地，中國人在小說方面的創作成果，就不及詩歌。筆者於是提起紅樓夢，哈金認為（相對西方的好小說而言）紅樓夢雖然寫得很美，但卻缺少生命力。

哈金接著分析：英語也有傳統，但是它的容括性強，「文」與「言」分得不清，因為美國是移民國家，吸引了許多外來的語彙，生命力比較強。筆者認為於其如此，也吸納了像哈金這樣來自漢語系統的作家，得以豐富美國現代文學的內涵，就像好萊塢的電影事業一樣不斷吸引外國的傑出導演及人才。

一再獲得美國文學獎項的哈金先生。（照片來源：哈金）

哈金就他時下的寫作情境作了一番總結，他說作品和作家的存在方式分不開，每一個大的損失（譬如有家歸不得）都會成為另一個機遇，都能創造出新的寫作空間，於是又回歸到作家生命力到底有多強的關鍵和樞紐！

（原載二〇〇〇年三月二十八日《中央日報》副刊，二〇一二年五月更新，二〇二四年再加添補）

查建英的媒體之旅：從雙語作家到維護人權

第一次聽到查建英的名字，是九〇年代在德大奧斯汀舉行的一次有關「亞洲研究」的討論會上，有位教授推薦查建英用英文寫的《中國派普》（*China Pop*），對六四天安門前後大陸文化界的景觀，有著深入的分析與描繪，值得一讀。

第二次聽見她的名字，是一九九六年哈佛大學文學教授李歐梵在休士頓的一次公開演講中答覆聽眾提問時指出：「八〇年代以來書寫中國留美學生的作品當中，查建英寫的小說可以說是其中的頂尖之作。」

九七年春天，筆者前往休士頓萊斯大學（Rice University）聆聽一場以「Global Culture」為題的演說，事先風聞主講人李湛忞（Benjamin Lee）教授以「中國人的消費習慣」為題向福特基金會申請到五十萬美元的研究計畫，在演講結束後趨前詢問這位在美出生的華裔教授是否願意接受我的採訪，他直率而且認真地說：「我的妻子查建英，比我值得採訪，你去訪問她吧！」

一九九七年的採訪

休士頓的氣候和亞熱帶的臺北相仿，夏季甚至還來得早一些，四月中旬的豔陽天，已和初夏無二致。啟門處的查建英，著一套無袖白色棉質唐衫褲裝，赫本式的短髮，一雙大眼，身材高窕，給人一種清澈涼爽的感覺，一張口，那悅耳的京片子，即刻完成了一幅「北京姑娘」的速寫圖。

以上是我和查建英在一九九七年初次見面的情景，訪談的話題從她的身世、雙親啟頭，問及她寫作的歷史最初從浪漫的小說寫起，而寫實部分從評論雜文入手，查建英表示未來的寫作計畫打算中英兼進，將會一直寫下去。

果然二〇〇六年查建英出版《八十年代》（北京三聯），五年之間印行九刷，並且被中國出版界評選為二十一世紀前十年當中最具影響力的書籍之一。二〇一一年查建英在美國出版英文採訪集子 *Tide Players*（中譯名弄潮兒），講述中國大陸資本家與智識分子的故事（共六人，兩類各半），獲得美國漢學家林培瑞（Perry Link）、普林斯大學教授及美國筆會中心主任 K. Anthony Appiah 等的推薦，自她留美的二十餘年間筆耕不輟，佳作連連。二〇一二年五月她參加在澳大利亞舉行的阿得雷德作家節（Adelaide Writers' Festival），該活動主辦人 Laura Kroetsch 介紹查建英時形容查建英是歐巴馬總統的中國政策顧問，聲譽日隆。她接著說對於想瞭解中國的外國人士而言，查建英的著作提供了一個極佳的視角。

父親教授哲學

查建英自稱是文化大革命的一代，父母親是文革中被批判的知識分子，她出身「文革」以後第一批北大中文系的畢業生，曾在北京附近的農村插隊一年。她說：「自幼稚園起，我就喜歡編故事、作文，或許這是我以後寫中文小說、雜文，又到美國用英文寫作的一個主要動力。」她的父親查汝強，在中國社科院哲學系教書，搞共產黨的哲學理論，是很有名的保守派，曾與方勵之論戰。查父在「文革」以後來過美國，回到大陸專門介紹西方哲學。查建英形容「他是一個很複雜的人，並不像外界給他評語那般容易歸類。」

查建英一邊接受我的訪問、一邊在茶几櫃子裡找出一九九七年一月十九日《世界週刊》一篇〈毛後中國的科學及異端〉的文章，其中就提到查汝強教授（那時已經去世六年）。查建英說：「我的母親做經濟管理，愛好文學、藝術，他們兩人對我後來走的路，都有很深的影響。」

留美文學碩士

八〇年代初期，中國大陸還沒開始留學潮，查建英就對外邊世界十分好奇。因為缺乏資訊，胡亂申請學校，結果南卡州立大學給她獎學金，於是決定前往。查建英北大的同窗認為她有點發瘋，為什麼跑到南卡留學，就像被發配到中國的雲南貴州一樣，結果她在該校修得英國文學碩士學位。後來轉到紐約哥倫比亞大學修課，夏志清教授對她說：「幸好妳一來就跑到南卡州的鄉下地方，沒人和你說中文，因此能夠專心讀英文，打下基礎。」

查建英自剖她最初創作中文小說的主題人物是留學生，談的是文化衝突與精神苦悶，下筆時可謂閉門造車，天馬行空，想到哪說到哪，充滿主觀色彩。張頤武在她《叢林下的冰河》小說集的序文中指出：查建英把中國及其文化的困境，以一種個人經歷的方式寫出來，查建英賦予了她小說一種揮之不去、完全無法擺脫的「意義」和「深度」……而將第一世界與第三世界的對峙戲劇化了。

專欄筆調潑辣

九〇年代初期，她開始替香港的《九十年代》雜誌寫專欄，查建英說：「這和一般女性寫的散文不同，是一種麻辣豆腐式的文章；硬、潑辣、尖酸刻薄，在寫作風格上比較俏皮。」

一九九二年九月，她發表了一篇〈請問理想主義一斤多少錢？〉在這篇文章裡，她用賈余和王貝兩個人代表棄文從商的知識分子，說出若干士大夫所鬱積的千古牢騷。賈余說：「我確實心理不平衡，受那麼多年正統教育，從文改商，等於第二次洗腦。剛進公司的那幾年，我跟手下職員講不騙顧客行不行的時候，結果所有人都瞪眼望我——哪鑽出來這個書呆子……要生存就非騙不可，頂多心裡給自己留一小塊乾淨地方就行。」

王貝「倒」得更為澈底乾淨，「十億人民九億騙，那塊地面乾淨？甭跟我來那個，又當婊子、又立牌坊。我告訴你，當今最拔尖的腦袋都在商界，跟當年的尖子都投奔共產黨一樣，文人？本世紀沒戲，下世紀也沒戲，也就靠吃我們的贊助！」讀查建英的文章，你不得不佩服她豐富的語彙，以及對文字的駕馭能力，更令人心驚的主調是一個農業的共產社會如何面對資本主義的衝擊與拍打。

《中國派普》叫座

查建英使用中文創作的小說和麻辣專欄，獲得華人讀者的讚賞和喜愛，然而她令美國出版界為之側目的著作，則是一九九五年四月出版的《中國派普》。

《中國派普》的內容和她在《九十年代》用中文所發表的部分專欄內容重疊。它談論中國自經濟改革開放以後，大陸的流行文化如電視劇、小道報紙和暢銷書的演變情況。美國精英報章雜誌，如《紐約時報》、《華盛頓郵報》、《經濟人週刊》、《出版人週刊》等都有專文介紹，並且給予佳評。

紐約時報一九九五年八月二日的「時報新書介紹」專欄裡，由理查・伯恩斯坦執筆的書評說：「在近代史上，向西方讀者介紹中國的差事，幾乎全由歐美作家所壟斷，如今此一情況有所改變，一位中國作家用自己的聲音談論自己的國家。」

這篇書評稱讚查建英「使用西方的新聞報導技巧和內線消息，完成這本慧黠、多聞和具有特殊風格的散文，用以訴說中國大陸的流行文化。」這本書被美國 Village Voice Literary Supplment 雜誌評選為一九九五年度二十五本最佳書籍之一。由於這本書的良好反應，尤其是受到美國漢學家的佳評，許多美國大學課堂採用這本書做為參考書，出版社也三番五次建議她寫續集，因此替二〇一一年的《弄潮兒》埋下伏筆。

第二本英文書

根據查建英一篇文章的自述，二〇一一年她寫第二本英文著作《弄潮兒》（*Tide Players*）的原因是：用中文寫「八十年代」遇上敏感的話題和人物必須繞著寫，而且有的篇幅在出版時被書局刪減，如果用英文寫作就不會碰到這樣的問題，換句話說查建英使用英文寫作的空間和自由也就來得更寬廣。

自八〇年代以來，查建英一半住中國，一半住美國的安排，讓她在兩種語言文化之間穿梭。依據她的觀察，西方完全從自身的角度端詳中國，而身為中國人，又在美國居住將近二十年的查建英，一方面身在其中，又似旁觀者，可以冷靜地觀察事物，加上她熟悉西方學者對中國的成見和誤會，因此查建英用英文寫作，可讓西方讀者更進一步瞭解今下中國快速巨變的複雜現象。「中國通」林培瑞教授（Perry Link）就指出，「用英文書寫當代中國的作家之中，沒有人對雙語和雙重文化的理解勝過查建英。」

回顧中國大陸自改革開放以來，不過三十多年光景，其間爆發的能量，一蹴而成世界第二大經濟體，使得西方人感到驚訝不已，依查建英的觀點，其中的關鍵是「人」，而不是事件，她的《弄潮兒》一書以人物切入，查建英希望通過一組具有代表性的人物故事，以親臨現場的感覺，瞭解中國正在重新出發，逐漸走向多元，並出現各路英雄，以小見大，從人物的背景和時間幅度看出整個社會的面貌，可以對現在中國的問題能有更深的思考。

「公敵」與「公僕」

《弄潮兒》一共寫了六位人物，前三位是資本家，第一位家電業大亨張大中，第二位是地產富商潘石屹和妻子張欣夫婦，第三人是出版家孫立哲。後三位是知識分子，有北大經濟學家張維迎、作家王蒙以及查建英同父異母哥哥，即中國民主黨創始人之一查建國。

數年前，筆者曾在網路上閱讀到查建英在紐約客上發表的〈國家公敵〉，故事的主角是查建英的哥哥，作者以冷靜的筆法從她探監說起，描繪她同父異母的哥哥變成異議分子的過程，令人看了十分感動，後來還有人把它翻譯成中文。查建英表示收錄在《弄潮兒》裡的〈國家公敵〉比紐約客上的還要長，補充了她哥哥出獄以後的生活，該文說二〇〇八年夏天，查建國從監獄出來，北京正舉行奧運會，他與盯梢的警官，關係良好，這些人甚至幫他上街購物，裝修冷氣機。查建英說，這些細節並不能證明制度上有了改變，中國大陸上政治犯的問題仍很尖銳，不過與毛時代的殘酷相比，已經有了很大的改變。〈國家公敵〉一文提到另一個有趣的例子是，她哥哥出獄回家的那一天，親朋好友替他舉行一個歡迎會，一名跟梢的員警問查建英：你就是建國的妹妹，她點點頭，員警說我讀過你那篇〈國家公敵〉的文章，因為沒有適當的話再接下去，兩人就相視一笑。

《弄潮兒》書裡說完〈國家公敵〉，又接一篇〈國家公僕〉，它在二〇一〇年發表於《紐約客》，該文敘述現年七十五歲的王蒙是當今中國最有名的作家，寫作的種類和數量豐碩，八十年代被任命為文化部長，許多異議分子和自由派視他為滑頭權貴，有人認為他為了既得利益，而替中國共產黨做辯護，並且也一向迴避尖銳的政治問題。但依查建英的觀察：上一代人擁有不同的生活經驗，王蒙在體制當中遭受不少磨難，八〇年代當上文化部長以後，用自己開明的方式推動改革，六四之後他是唯一沒有去探望在鎮壓行動中受傷士兵的部長，並且因此下臺。

意在「相容並包」

查建英說王蒙是體制內的改革派，她甚至表示，王蒙有自己對國情的理解和行為底線，查建英說：「你不能要求所有人都做我哥哥查建國一樣的事。」從這句話看來，身為文化評論者，查建英的包容性很強，難怪美國總統歐巴馬會在中國政策方面會找她擔任諮詢和顧問。

一九九八年王蒙夫婦造訪休士頓並在萊斯大學發表演說，查建英擔任他的英文翻譯，近年來香港衛視鳳凰網「鏘鏘三人行」的節目裡也不止一次見到查建英和王蒙一同在該節目出現，二人同調談論、感嘆大陸的流行文化受到商業的侵擾。就像查建英形容他父親「是一個很複雜的人」，並不那麼容易歸類。查建英這兩篇「公敵」與「公僕」的取角和陳述也反映出她也和父親一樣難以歸類。

查建英在「八十年代」裡訪問了十一位引領潮流的風雲人物，請他們回憶當年的詩歌、小說、音樂、文學、電影、美術等活動，以及此一年代承先啟後的作用。該書問世之後，媒體的報導和讀者的熱情反應令查建英感到吃驚，她說許多公眾的討論話題交集於隨之而來的記憶斷層，論者以為：中國既然成為世界的經濟引擎，如何平復歷史傷痕，同時發動一個文藝復興的運動刻不容緩。八十年代出版以後，查建英在大陸成為各種媒體節目爭相邀請的對象。

她為了保存在媒體節目中的發言權，她也不得不生活在老大哥的陰影之下，與之妥協，查建英記憶最深刻的一次是葉爾欽去世的第二個星期，她參加一個脫口秀的錄音，來賓談到葉爾欽在俄羅斯民主過程中的貢獻，當他們離開錄影室之前，主辦當局宣佈節目內容沒有通過檢查，要大家重新做一個談俄羅斯文學的討論。她說諸如此類的碰撞，並沒有摧毀她促進中國現代化的意志和決心。

她所寫的《八十年代訪談錄》引起無數共鳴，甚至有學者認為應成立「八十年代學」，但是查建英認為這十年夾在極度政治化和非常商業化的兩種社會之間的過渡期，研究有其必要，但沒有必要誇張它的重要性。此一看法也顯示身為作家，她表現的冷靜和自制。

查建英本身無疑也是一位八十年代的弄潮兒，今日她記述了當年潮起潮落的景象，也就是一種撰史的工作，她曾說過，我離開中國之後才逐漸懂得中國，她寫史的意向和撰述成績，也值得深入探討，更何況近年來她做了歐巴馬總統中國政策的顧問。

二○一二年春，查建英的名字登上美國新聞版面，正是中國國家副主席習近平訪美前夕，美國拜登副總統接見人權運動人士，此次

查建英（中）與夫婿萊斯大學教授李湛忞（左）及哈佛大學文學教授李歐梵（右）在演講會場合影。（石麗東攝）

會見名單包括：「中國人權組織創始成員李曉蓉、哥倫比亞大學中國司法系統專家李勃曼、中國媒體與流行文化專家查建英等……」該新聞並未提及查建英是歐巴馬總統的中國政策顧問，姑且不論美國政策走向如何，環顧近數十年中美恢復外交關係之後，能以作家身分論述中美文化現象，而被聘作白宮中國政策顧問的，查建英似乎是第一人。

（本文原刊載一九九七年十一月二十日《世界日報》副刊，後加添補）

李文寧尋覓華美族的歷史藍天

凡居住紐約般的繁華都市，難免感嘆「長安居大不易」！華裔女同胞在地鐵站被搶皮包的事件也時有所聞；紐約聖若望大學東亞研究所所長李又寧教授安身於斯數十載，她對這個包容多元文化的大都市，懷抱一份深厚的感情，舉例自己的因應之道：「我的手提帶經常放了兩個錢包，裡面裝滿硬幣，萬一碰上強梁搶匪，就立即把錢包交出，再說一聲 God Bless You！」這則小故事包涵了中國儒家調合現實的哲學，同時也反映李教授樂天知命的人生態度。

捕捉進行中的歷史

由於她治學勤奮再加上樂觀的天性，李又寧於近三十年傾力「捕捉進行中的歷史」，潛心「華族留美史」和「華美族」的史料搜集和撰述，為充滿陰霾的近代中國史尋覓一片藍天。

出生大陸、來自台灣的李又寧，台大歷史系畢業，赴美求學獲紐約哥倫比亞大學歷史博士學位，早先治中國近代婦女運動史、研究「胡適在美的生活」，從鑽研胡適的史料及相關文物當中發現「中國留學史」的重要性。李教授認為留學生用功勤勞，在外為祖國爭光，回到國內「把外邊的世界帶進中國」，促進現代化的建設，她指出：留學制度化是近現代中國的一項創舉，一大成就，也是中國近代史上最光輝的一頁。相對於近一五〇年喪權辱國、割地賠款和貧窮落後的陰影，做為一名歷史學者，李又寧教授努力突破巢臼，意在創造新史觀，提出與眾不同的看法，無異在灰黯的天空之下找到一線鼓舞人心的霽光。

前瞻的「主流」觀

二〇〇八年四月五日，她在休士頓一場「華族對美國的貢獻」的演說中對於一般所謂主流與非主流的定界有所顛覆：她指出，過去的說法是華人必須打入主流社會，她認為，今天華族在美各行業都有傑出的表現，我們既是重要的演員，手中握有豐厚的資源。尤其今天美國社會道德渙散，不少年輕人染上吸毒喝酒的惡習，正需要借鏡中國儒家重視教育和家庭的觀念，只要華族在美國有貢獻，就可稱得上主流，她反問：為什麼我們不能稱為主流呢？她這番論點比「設法融入主流」更進一步具有前瞻性，令人耳目一新。

李又寧自喻「大半生最幸運的一件事乃踏入近代史的專業，行內的史料豐富，人才眾多，但在這一行活了幾十年，總有一些自己的看法」。

「回應論」的偏差

經過長久的探索與苦思，她在美教授近代史的過程中發現由於晚清屢戰屢敗，中國人信心盡失，知識分子常將外國人的史觀及史學方法移花接木，用來看待自己的歷史，其中有兩個明顯的例子，一是清末民初的留日學生從日文書報抓來一些史料和史論，略加剪裁和翻譯，寄回國內適應一般大眾讀史的需要，另一例發生在二十世紀中葉，費正清自美國漢學界興起，他的立論亦著重陰暗面，其史觀大致以一個程式表現；即晚近西方的衝擊造成中國的回應，換言之，先進而又具有活力的西方，刺激、帶動了落後遲緩的中國，這種說法隱含著歐美國家的優越感。

李教授同時指出，二十世紀以來，國、共兩黨都以民族主義為利器，把歷史的焦點放在國辱和國喪之上，不僅可激發抗外敵的民怨，而且強調前朝之衰敗，藉以顯示本朝得之於天命或民意。但是具有五千年歷史文化的中華民族，走到今天，其智慧的延續性何去何往？其遺傳基因流失何方？難道所剩餘皆是無知與無奈？

禍福相倚之理

在她努力尋找中華文化的亮點之餘，發現晚清以來的留學潮，打開了西學東漸的大門，使得中華文化與世界文化接軌，至今仍是中國走向現代化的橋樑。

她又提出老子：「禍福相倚」的道理，究竟晚清以來的禍患，給中國帶來什麼樣的福益？李又寧認為：中國現代化過程當中，國人所擁有的各種空間大為擴展（包括生活、學習、工作及歷史的空間），繼而走向世界，以前因閉關自守受到種種束縛，如今豁然開朗，從有限走向無限，以前是僑居國外，希望落葉歸根，如今變作落地生根，炎黃子孫已遍佈全球每個角落，它在各處的重要性和地位正在上升，已是日不落族。諸如此類的開拓與發展不正是中國近代化進程中的光明面？也是因「禍」而引來的「福」。

自上世紀八〇年代，李又寧開始鑽研留美史，她受到當年美國社會關注少數民族的影響，在那期間李又寧建立「華美族研究會」。留美史有兩個範疇，一個是留學美國一個是留居美國，她嘗試把留美史、華僑史和自己在台灣與美國不同的經歷結合，把中國史與世界史結合，希望建立一個新的歷史觀。

往日撰述歷史的人習慣把眼光放在國境之內，像華僑史或留學生的歷史僅是史學的邊緣，而且主其事者也身居國境之內，對天外的事難免不知其詳，李教授因此搜集可以記錄的當代資料，創辦「天外出版社」，陸續出版《華美族研究集刊》、《新法拉盛集刊》、《科技界的華美族》和《中美關係系列》，李又寧認為集刊是持續保存史料的一種比較便捷的工具。天外出版社現已成為北美洲創辦最早、最重要的雙語出版社，她所彙編的豐富史料將留予後人參考印證。

「留美史」之重要

中國留學史的源頭肇始於十九世紀的現代化運動，其目的在尋求中國的富國強兵之道，二十世紀以來所發展的教育改革和出國留學已成沛然莫禦之勢，根據王奇生在一九九二年出版的《中國留學生軌跡》一書的統計，自一八五〇年到一九四九年的赴美留學生約一萬八千六百餘人，他們對中國政治、經濟、科技、文化方面的貢獻與影響難以計量。而構成華族留美史重要性的另一原因是：美國文化乃二十世紀最強勢的文化，留美知識分子對美國社會也做出重要的貢獻，尤其是高等教育的師資及全國的科學實驗室，華族佔據重要比例，應是美國史的一部分，卻沒有得到應得的肯定。李又寧在《華族留美史：一五〇年的學習與成就》一書的前言呼籲，這樣一個重要的題目竟缺乏有計畫、大規模的研究，連史料都沒有做系統地收集，實為一大遺憾！李又寧說她教授近代史數十年，直到晚近才發現此一缺失，因此努力搜集、保存這方面的史料，以補現有之不足。

捕捉進行中的歷史

從十餘歲就開始認真學習歷史的李又寧，在決定「捕捉進行中的歷史」之前，曾遇到一個障礙；即她師輩共同的看法是，晚近五十年的事情不屬歷史研究的範疇，這種不鼓勵學生論述「最近的過去」，為的是保證客觀性（在此順道一提的是：新聞記者的訓練也強調「客觀」的重要，因無法做到完全的客觀，有識者進而主張增加不同消息來源的數量，以期接近事實的全貌。）李又寧教授認為歷史是一個持續不斷的過程，所以開始搜集、記錄當代的資料，尤其科技突飛猛進，網路上的資料經常遭到刪除，其中不乏可貴的篇章。

華人與九一一浩劫

天災人禍自始與人類歷史相左右，二十一世紀開端的最大災難莫過於九一一的浩劫，李又寧教授「捕捉進行中的歷史」的另一有目共睹的成果是編印《華美族與九一一浩劫》，她為了收集有關的資料曾主辦了兩次座談會，訪談對象分別是華文媒體、和華埠菁英及領袖，她自己到場聽講、錄音、並請人整理為文字檔案，在這本書的前言中，她特別提到網路資料的特性如：提供全球交流的機會、使用便利、內容多樣化、數量多……

在搜集資料的過程當中，她發現華美族及華文媒體對九一一的反應大致和美國人立場相同，但中國大陸知識界園地（網路所流傳）痛批「美帝」咎由自取的，大有人在。凡香港和美國的華文媒體對此一現象有所披露，但英文媒體卻很少摘要或節譯這些相關的報導，如果後人想瞭解全球各地對九一一的反應（包括中國大陸知識分子），李又寧教授所編輯的這兩冊書即是不可缺的參考資料。

教學、著述不輟

自獲得哥倫比亞的歷史博士學位，李又寧便在紐約聖若望大學擔任亞美研究及亞華研究的教席，教學之外的著述包括：

＊一九六九年，創辦英文季刊 *Chinese Studies in History* 迄今擔任主編。

＊一九七五年與中研院張玉法教授合編《中國近代女權運動史料》，上下兩冊超出一千五百頁，三十年歲月流轉，該書仍舊是開中國近代婦女研究領域的先河，資

料最為豐富的著作之一。

＊一九九〇年她創辦國際胡適研究學會，相繼於九七年與九八年出版：《回憶胡適先生文集》、《胡適與他的朋友》、《胡適與民主人士》等書。當李又寧教授從事胡適研究的過程當中，不僅收集大量珍貴的史料，而且在研究方法上，從縱的時間直線延伸到橫面的周遭人物，以胡適為軸心，遍及他的家人和相識者。一九八九年十月李又寧知道胡適的家鄉安徽績溪縣對三胞（臺胞、港澳同胞、和海外同胞）開放之後，便搭汽車從上海趕到安徽績溪縣，事後寫成上下兩篇〈走訪胡適故鄉〉，刊載於次年三月上旬的中國時報週刊。

吳健雄的評點

這篇文章一則記述胡適的出生、早年歷史，又對映家鄉的現狀，旁徵博引，文筆生動，在眾多讀者之中有一位鼎鼎大名的女科學家吳健雄博士，她讀後寫了一封信給李又寧教授：「今日閱報看到尊作，立即從頭讀到尾，您把誠英的故事細細道來，和她的人格風度非常配合，可惜他兩人（指胡適和曹誠英）至死未再相見，可慘之至。我與誠英是中大同學，但她比我大十歲，所以我是她的小輩……您的文章寫得清雅動人，就是描寫中國窮鄉僻壞的行旅之難，也寫得細緻，有香有色。」

因為胡適是早期留美學生，李又寧強調留學生的諸般成就，她闡釋留學生的重要性時表示：留學生在國外居住一段時間，經歷文化的震撼和適應，能夠做一番選擇和比較，當留學生向國人傳播知識的時候，比外國傳教士更具備說服力及親和感，因此留學生的一項重要功能是引導國人和外界溝通，發揮文化橋樑的作用。

舉辦研討會

一九九六年她成立華族留美史研討會，次年十一月十七日舉辦「華族留美一五〇年成就的研討會」，二〇〇〇年十月舉辦「華族對美國的貢獻研討會」，每次會議完畢之後，她便將研討成果匯集而成論文集，以九七年的會議為例，她出版了三本書：《華族留美史：一五〇年的學習與成就》、《留美八十年》（共分三冊）、《當代美中學生》（談小留學生的心聲，分上下兩集），二〇〇八年十月她又舉辦「華族留美一六〇年成就的研討會」，同時也是聖若望大學亞洲研究中心成立五十週年慶。除了舉辦學術會議，她曾任二十世紀中國史學會會長，在紐約華人社區擔任台大校友會會長，二〇〇三年華僑協會在紐約成立分會，她被推舉為會長，由於她辦會議的聲名遠播，中國大陸學界有一個名叫「現代應用文學會」的組織也越洋邀她擔任副會長，過去數年先後受邀在南京大學與天津南開大學擔任客座教授。

二〇一五年十一月李又寧教授在紐約主辦「世界歷史中的孫中山、蔣中正與宋美齡」國際學術研討會，出席者包括兩岸及美國學者，如哈佛費正清中心研究員陶涵（Jay Taylor），中華民國國史館館長呂芳上，和孫中山孫女孫穗芳等，這個研討會主題把中國近代史放進了世界史的框架，討論三位卓越人物對中國及世界史的貢獻，二〇一七年夏天再次舉辦「留美與中國近代教育」研討會。

華語熱鬪財源

在聖大執教近三十載的李又寧於二〇〇四年接掌該校的東亞研究所，她說辦教育行政，並非蕭規曹隨，當你把學生迎進系、所以後，除去課業指導，還要給他們找獎學金……辦教育行政需要技巧、魄力與智慧，若不熱愛這份工作，便難以為繼。

聖若望大學是一所天主教的大學，一九五八年（為赴中國傳教的目的）而設立中文項目，它接受各方捐款，往日國民黨政府每年捐助三十萬美金，阿扁執政後決定終止，於是學校當局有人提出裁減亞洲研究之議，李又寧接掌亞洲研究所之後，先在日、韓、華三個語文類別當中擴充華語教學，此舉恰逢美國人學華語的熱潮，不意因此替學校開闢財源，第一年（二〇〇四）收入二十餘萬美元，第二年三十餘萬，第三年五十餘萬，收入逐年增加。聖大也設置與之相關的課程；如中國商法、對中貿易與投資、美中關係和商業中文等，此外提供中國研究文憑培訓，拿到十二個學分，就能獲得證書，有益求職。聖若望大學亞洲研究所的「存廢之議」也就迎刃而解。

李教授曾謙虛地表示：我在歷史學界沒什麼成就，如果一生有什麼貢獻的話，就是發現了一些問題，開拓了一些視野，證實了生活和歷史可以有某種互動性與互補性。她內心最想完成的工作目標是多舉辦幾場有關華族的國際學術研討會，多印行幾本集刊，以此來延續華美族的歷史生命，再以「今世之緣」銜接「來世之緣」！

（本文原載《世界日報》二〇〇八年七月十八日至二十二日〈上下古今〉專欄）

上　2015年11月恰逢抗戰勝利七十週年，紐約聖若望大學東亞系舉辦學術研討會「世界史中的孫中山、蔣中正和宋美齡」，兩岸與美國學者齊聚，包括臺北國史館長呂芳上、哈佛漢學研究員陶涵、孫中山孫女孫穗芳、哥倫比亞大學漢學教授黎安友（Andrew Nathan）等。（照片來源：聖若望大學）

下　紐約聖若望大學東亞研究中心主任李又寧教授。（石麗東攝）

《漢密爾頓》音樂劇的首位華裔主角李鴻靈

完全是一個偶然的機緣，一位居住德州明湖城的老鄰居溫太太打電話問我：想不想採訪一位已經兩次主唱百老匯《漢密爾頓》（Hamilton）歌舞劇的ABC（華人第二代）？依照我過去做了數十年的採訪經驗，這則故事顯然具有兩個吸引讀者的特色：一是在美出生的第二代華人，大多受父母和家庭的影響，走向學理工或學醫或學法律的路子，而朝向演藝行業發展的比較少見，其學藝過程和成功故事，讀者一定十分好奇而想看。

其次，今下在美國提起《漢密爾頓》這部音樂劇似乎家喻戶曉，它自二〇一五年春天問世以來，不僅叫座而且叫好，上演的第一年即獲得十六項東尼戲劇獎的提名，決賽獲得十一個獎項，就連紐約時報的劇評家也帶著一些hip-hop的節奏和風格來形容一票難求的盛況「這齣歌舞劇的票價雖然高，但值得你抵押房子，或出租你的孩子去換一張票！」

歷史背景

《漢密爾頓》這部音樂劇的歌好聽，舞好看，是一個客觀存在的事實，如果進一步推敲這個音樂劇的內涵，說的是美國開國元勳之一亞歷山大漢密爾頓，一個來自西印度群島的孤兒，初到美國時，好學苦讀，進入哥倫比亞大學的前身攻讀法律，獨立戰爭爆發之後，投筆從戎，屢建戰功，逐漸成為美國國父喬治華盛頓的左右手，最後成為美利堅合眾國獨立後的第一任財政部長。

而編寫這部音樂劇的米蘭達（Lin-Manuel Miranda）也出自紐約市波多黎哥移民家庭，他因為這齣戲而獲普立茲的編劇獎，美國以移民立國，直到現今的總統大選的政見與議題也離不開「移民」這一項，所以《漢密爾頓》雖然說的是歷史故事，卻和現實社會息息相通。

劇場革新

另一件震撼美國百老匯舞台的創舉：這部戲的選角皆以能力取才，凡非洲裔、拉丁裔或亞裔只要勝任，便都有機會扮演歷史劇中的白人角色，因此拓寬了少數族裔在演藝界的出路和工作機會，活潑了舞台的畫面，同時在音樂的架構和唱腔方面，使用 hip-hop 和 rap 表達，由於二者節奏較快，於是增加敘述故事的內容數量和速度，據行家所做的統計，漢密頓一劇能在兩小時之內交待漢密頓一生豐富而又多采的事蹟，如果換作傳統的音樂劇形式，時間必須加倍。

嶄露頭角

在如此傳統和新潮交集的時代風雲之下，第一位華裔男性舞者 Eddy Lee（中文名李鴻靈）登上《漢密爾頓》一劇的舞臺也就變得更具深意，他不但是該劇團演出六人團隊 Swing Team 的一員，而且到目前為止，曾六度主唱《漢密爾頓》的角色，紐約百老匯圈子有一個 SPOTIFY 的訪問節目在 PODCAST 廣播中稱讚李鴻靈秉性溫良恭謹，又努力拼事業，餘暇還帶朋友上教堂，是紐約市的一位大好人，更由於他在《漢密爾頓》一劇嶄露頭角，已經晉身紐約的成功亞裔藝人和舞者。

遠程採訪

由於以上諸種因素和 Eddy 姑媽溫太太的推介，我決定接受這項遠距離採訪的挑戰，使用現代科技，透過網路和《漢密爾頓》的公關人員接頭，安排了電話訪問 Eddy Lee 的時間，雖然沒有飛到紐約面對面，但仍能藉著手機上的 FaceTime，看見受訪者答話的回應和表情。唯一的缺憾是沒能到劇院的後台去看他工作的場景和環境。

出生於一九八九年的李鴻靈（Eddy Lee），和華裔藍球明星林書豪一樣，原計畫進醫學院，他在校主修人體工學（Kinesiology），在東密西根州立大學畢業前實習的時候，發現自己愛好舞蹈甚於主修，於是決定畢業後休息一年再決定是否改行。

華裔家庭

李鴻靈生長在一個典型的華人留學生家庭，雙親來自台灣，父親李天任獲得加大柏克萊的電機博士，最初執教史坦福大學，自小有天才兒童之稱。母親行醫，並且擔任醫院的行政工作，當他出生在紐奧良市的時候，他母親正在該市的醫院實習，隨後一家遷徙邁阿密，聖地牙哥，到了加州西海岸，父母親的婚姻生變，兩人離異後，Eddy和長他四歲的姐姐隨母親東遷密西根州的蘭欣市（Lansing）定居。

前不久當Eddy接受廣播節目的訪問時，他說：我小的時候有三個媽媽：母親、外祖母和姐姐，所以雖然是單親家庭，家中有外祖母幫忙照顧，所以我仍舊有一個美好的童年。在學校裡也沒碰到過種族歧視的事。他回憶母親教育姐弟的時候，態度開明進步，Eddy在中學習鋼琴，參加學校合唱團和鼓號樂隊，那時他發現很喜歡流行的霹靂舞，不知到那去學？母親特別從她的病人處知道有一個韓裔學生團體教這門舞蹈，於是前去報名參加。她的姐姐在學業上出類拔萃，目前已經醫學院畢業，專門心臟手術，在西雅圖做駐院醫生。Eddy自小喜歡體能活動，姐弟的傾向不同，媽媽告訴他兩人不可放在同一個天秤比較。

母親開明

Eddy參加這些活動的過程當中，有一次舉行表演晚會，回家他告訴母親想從事表演業，母親說：「那這一步就跨得太遠了一點（That is too far）」，於是建議他何不先報名參加密西根州立大學的暑期舉辦的表演藝術營，一如她所預料，Eddy沒獲錄取。

李鴻靈在大學主修的人體工學，學習的主軸是人體肌肉和身體運動的規律，涉及人體康復的醫理，Eddy就依母親的建議朝這個方向申請醫學院的入學許可，但大學畢業之前，有一個必修的實習課程，他在一家體育練身館（State of Fitness）找到實習生的位置，實習期間Eddy遇見一位教練，相處十分融洽，有一次她問李鴻靈：「你真想做醫生嗎？當你和我談到醫學院的時候，眼中並沒有閃現火花（spark）！」

紐約學藝

待實習結束，二〇一一年夏天拿到學位之後，Eddy告訴母親想推遲一年，再決定進醫學院或改行，母親說：「你認為醫學院難唸，但是表演業比做醫生還要難！」接下去他一邊在體育練身館打工做助教，同時修課學唱學跳舞。這樣經過一年半的時間，到了二〇一三年他決定去紐約闖天下。此後母親對他演藝事業的追求給予百分之百的支持。而Eddy學舞藝的時間也和雲門的創始人林懷民一樣，啟步較遲。

很幸運的，他到紐約後結識一位比較年長的演員做室友，告訴他到那裡去上課學藝，如何適應大都市的生活，Eddy也暗自慶幸自己先唸了大學，沒有直接跑到戲劇界去闖盪，在二〇一五年底他考進《漢密爾頓》的歌舞劇團的訓練營（Boot Camp）之前，除了努力學藝，並且在體育館打工做助教，開課教人練身並擔任私人教練（personal trainer），此外找到一份給日本卡通影片配音的工作，維持生活開支。於此期間，他在二〇一三年在北卡州被 Flat Rock Theater 錄用，參加歌舞劇《西貢小姐》（Miss Saigon）的演出，二〇一四年到德州達拉斯夏季戲劇節，參加《國王與我》（King and I）的表演，抽空和劇團朋友一同開車到休士頓和斷了十幾年音訊的姑媽及表姐重聚。

多方嘗試

Eddy 說以上兩齣音樂劇的演出都是在沒有經紀人的情況下，自己去試鏡（audition），當時沒有結果，但過了一段時間，接獲電話才知道原定演員受傷而有了演出的機會，就連兩次主唱《漢密爾頓》的情況也極為類似，有一回舞臺經理在通知的電話中特別說明「你比其他的人歷練多，而且能做的也多，」所以 Eddy 和一些同台演戲的朋友皆有同感，都相信「命中註定（fate）」這回事。

Eddy 認為意外有機會上場代別人演出，也和他樂意學新的事務有關，「我不喜歡待在自己的安樂窩（Comfort Zone）裡，不去看看外邊是什麼樣」，「有時候與人相處，和人意見相左，我喜歡和對方多多交換意見，因為對話（conversation）比對抗（confrontation）

要來得文明理智，在美國的社會每個人都有權發表自己的意見。鴻靈在訪談中讚揚《漢密爾頓》劇最奇妙偉大的地方是：任何人只要能唱能舞，就可以演出任何角色！Eddy說他的演藝道路「有極為艱苦的時候」，但對今天所能擁有的非常感恩！

他進一步解釋所遇到的艱苦，因為在二〇一三年他剛想入行的時候，百老匯上演的劇本之中，提供亞裔演出的角色很少，寥寥可數的僅有《國王與我》、《西貢小姐》等，且競爭對手又多。在僧多粥少的情況下，只有努力學「藝」，除了縱的方面自家多琢磨，同時橫的方面多做擴展，譬如替卡通電影配音，或參加電視連續劇及電影中的龍套角色，也曾和Jack Cheng合作少年讀物Many Masks of Andy Zhou，製作有聲書。可是自二〇一五年《漢密爾頓》問世，非洲裔可以演白人的歷史性人物，華人角色的侷限性被打開，情況便顯然改善。不過到了二〇二〇年，新冠疫情流行，就業情況又嚴峻起來，只有勤奮、努力渡過難關。

何謂成功

訪問中請他闡釋如何看待「成功」的定義，他回答：成功不僅是外在的表象，而必須是一種內心的平和與均衡，當展望未來的表演事業，他強調將多嘗試，多學習，李鴻靈說二〇一九年六月十九日他第二次主唱《漢密爾頓》之後，感覺自己走完了一段美好的路程，但仍要努力開拓新的境界和新視野。我從整個訪談所得的印象，Eddy非常好學，雖然年紀輕，卻具有遭遇風霜雨雪之後才有的沉穩和練達。

眾所周知：歐巴馬前總統是《漢密爾頓》一劇的頭號粉絲，他不止一次邀請該劇到白宮上演，二〇一六年的三月十四日，歐巴馬把《漢密爾頓》的演出人馬邀請到白宮，和一群來自全美的高中學生，舉辦了為期一整天的活動，包括總統親自主持的歡迎儀式和演講，以及第一夫人的致詞，及劇團和學生的演唱，其中由公視台（PBS）作成錄影轉播。

總統褒揚

歐巴馬在演講中指出：白宮是這齣劇開始的地方，《漢密爾頓》就是美國精神的化身，我（歐巴馬）希望年輕人從戲院走出來的時候，可以理解先人到底創造了什麼，但那僅僅是一個開始，這是一個未完成的故事，將由現在的年輕人繼續來說，美國就是一個不斷發展的國家，很熱情，很多元，充滿了能量，並且在精神上永遠年輕，我們就是那個永遠不會終結的故事，我們有弱點，也會犯錯，但最終每個聲音都會被聽到，我們會努力克服這些錯誤和弱點。

早先讀過歐巴馬所寫的 *Dreams From My Father*，知道他述事和文筆俱佳，從以上這段勾勒《漢密爾頓》一劇的重要性及美國立國的精神，說得簡扼精闢而又十分白話。歐巴馬在白宮的演講中並提起《漢密爾頓》的票價高，該劇團特別和洛克斐勒基金會及 Gilder Lehrman Institute 合作，籌集超出百萬美元鉅資，讓紐約地區低收入家庭、約兩萬學生免費觀看，學校也製作了歷史課程，幫助學生瞭解這段開國的歷史，歐巴馬說因為這是一個關於我們每個人的故事。

多元文化的潮流

歐巴馬打演講一開始就說《漢密爾頓》的風行是一種文化現象！這也貫穿了本文報導的主旨，先前美國世界日報星期週刊曾對該劇另一位含有華人血統的女演員菲莉帕・蘇（Phillipa Soo）作過報導，接著有李鴻靈以第一位華裔男性舞者加入《漢密爾頓》的演出，可以看見亞華裔已有兩人積極投入《漢密爾頓》所掀起的文化浪濤，他兩人所發揮的標誌（icon）作用，值得眾人喝采！涵有創先啟後之功。

（本文原刊載於《世界日報》週刊二〇二〇年二月二日，後加添補）

左　李鴻靈接受採訪的神情。（石麗東攝）
右　李鴻靈即將登台。（照片來源：李鴻靈）

分別成長海峽兩岸的程家雙胞姐妹

一九八六年三月十七日，程雙玲和喜玲各自從定居的懷俄明州和德克薩斯州飛往明尼蘇達州的首府，一同接受州立大學雙胞胎研究中心為期七天的密集測驗。主持這項研究的美國心理學鮑卡教授（Professor Thomas Bouchard）認為：同卵的雙胞胎如果成長於不同環境，便能有效地隔離先天和後天的因素，倘使測驗結果發現了雙胞胎在行為、個性、興趣、價值觀等方面的差異，也就等於指認了後天環境所造成的影響。

鮑卡教授電話中接受本文作者的訪問，他說：截至九〇年代中葉，明大雙胞胎研究中心所測驗異地成長的雙胞胎一共有一百二十六對，其中同卵雙胞（Identical Twins）七十五對，異卵雙胞（Fraternal Twins）五十一對，在接受測驗的雙胞胎當中，大多數父母迫於經濟情況窘困，而把雙胞胎送人撫養，但像程家姐妹因政治局勢而隔離兩處的可謂少之又少，同時她們也是該中心所研究的惟一一對華裔雙胞胎。

先天後天孰重？

一九八六年三月，程家姐妹在明大心理系七天測驗的過程當中，先做了澈底的全身體檢，一共回答一萬五千個問卷題目，白天日程排得緊湊不說，就連晚上並排躺臥，身上仍附著測量心跳和腦波的儀器，每隔十五分鐘，機器便按時作響，非得借助安眠藥的幫助，才撈到休息，但她倆自小喜歡科學，雖然被擾了幾晚睡眠，卻由衷感覺這是一件有意義的事，從工作人員口中獲悉，校方花在兩人身上的測檢費用各達一萬兩千美元左右。

測驗結束時，鮑卡教授對雙胞姐妹說，兩人的生長環境差異極大，但問卷結果卻發現姐妹倆的想法和思路十分相似，是所有接受測驗的雙胞胎當中十分特殊而又有趣的一對，只要從鮑卡教授夫婦自掏腰包請她們在河船上吃晚飯、並於家中替她們舉行宴會一事，便可看出他的感想並非一般客套話。

三項有趣巧合

測驗進行之中，兩人有一次被放進兩個不同的房間，面對三項試題，第一問：平生最敬佩的人物是誰？第二問：請畫一間房子，第三道題目：請畫一個人。當研究人員拿到答案時，兩份結果的相似性，令觀者無不哈哈大笑，第一問的答案，兩人不約而同地寫了居禮夫人（前此，二人從來沒有討論過這個問題。）

關於第二問是「房子」，兩人都畫了一個中國農舍，旁邊各有一條蜿蜒小徑，就連屋頂上的炊煙也朝著一個方向飄散。惟一不同的是，在大陸長大喜玲的房舍外圍添加一片籬笆和一棵樹。

關於第三問，兩人心裡想的都是電影明星，各自勾勒了一幅半身燙髮女人的畫像、面貌也極相似。

類似以上的種種心電感應，在程家雙胞姐妹七天的測驗當中層出不窮，結論也顯示她倆人的主觀個性、興趣、能力、智力和價值觀在相隔三十七年之後，並無顯著差異。然而她倆分別在台灣和大陸所渡過的年代和歲月，卻給各自的人生道路刻劃了不同的軌跡。

和滯留大陸的妹妹相比，雙玲是一位幸運的天之驕女，她一帆風順地讀完小學、北二女、北一女，成大化學系，而後獲得全額獎學金，五年之內，在新澤西州羅格斯（Rutgers）州立大學取得「物理化學」博士學位，此後便在美國聯邦政府附屬的研究機構工作。

不同的人生道路

在大陸成長的程喜玲說：最美好的童年回憶是小學五年級的暑假，因為她年年在班上考第一，於是學校推舉她參加上海少年兒童夏令營，由當時宋慶齡所指導的中國兒童福利會所主辦。

夏令營裡的節目多采多姿，她因喜歡科學，參加生物組，跟著老師到郊外採集蝴蝶、植物做標本，在實驗室內解剖青蛙，同時還排定鍛鍊身體的游泳課，就連每餐食物也由知名的營養專家設計，在她稚幼的心靈，夏令營的生活就是理想世界的一種實現。

她記得當時參加了一次團體慶生會，分食蛋糕時，老師特別告訴她「希望早日解放台灣，下次過生日便能和父母親團聚。」不料好景只延續兩、三載，到了一九五七年，也就是從她初二那年開始，學校的政治活動多了起來，雖然依然能靠自己的努力得到第一名，但初中畢業之前，她把自己報考全市最好的「上海中學」的心願告訴老師時，竟得到一個意想不到的勸告：「根據你家庭成分，你很可能考不取。」所謂家庭成分即他的父親曾參與國民政府制憲立法，並且擔任中華民國第一任國大代表。

她反覆思索老師話裡的涵義，最後決定在本校繼光中學升了高中，進入高中，她所得的差別待遇便日益顯著，此後即使功課再好，她也拿不到優秀生的獎狀，因為品德操行一項由於家庭成分而從先前的「優」降到「良」。

替進大學鋪路

這時候她開始為進大學的前途暗自焦急，她心想先天成分不好，已經沒法改變，現在能盡人事的是，多多參加「勤工儉學」的活動，表現自己對社會服務的積極性，希望扭轉別人的印象，她於是在放學以後，去工地義務搬磚頭、造房子，還去花露水工廠、糖果廠做工。

在糖果廠裡一天要包裝八十斤到一百斤的糖果，對一個十幾歲的小孩來說，其辛苦程度，非外人所能想像，有一回在汽水廠工作，爆破的玻璃瓶碎片穿進她的手臂，一時血流如注，總算工廠醫務室止了血，慢慢才得復元。

到了報考大學的時候，心裡不抱很大的期望，索性將死馬當活馬醫，把「醫科」填寫成第一志願，不料放榜時，連最差的大學也進不去，眼見比她成績差的都能如願，自然心知肚明癥結所在。

此後四年半的時光，她度過一生最灰黯、低潮的日子，白天待業（失業）在家，晚上到夜校讀英文、德文、學習收音機的裝配技術。

切膚之痛的勞動

私底下程喜玲經常思索：這樣年紀輕輕、長期待業在家也不是辦法，於是為了出路，跑到居民委員會和街道委員會熱心登記義務勞動，希望透過街坊組織找到工作，這下一波長期無薪的勞動服務，使她再度經歷到更艱苦的皮肉之痛。

那年所分配的義務勞動是在上海郊區挑河泥來培育苗圃的幼枝，義工們集中在郊外宿舍，每日清晨五點起來，空著肚子先做工，做到七點回宿舍吃完早飯，然後再繼續挑河泥。

程喜玲說那份「活」，除了沉重的扁擔，還必須上下陡直的梯子，才能挖到河泥，尤其冬天裡格外辛苦，如果要像上級所規定「不能覺得辛苦」，實在也「難」！

這樣艱苦待業的日子延續四年有餘，最後分發到隸屬上海服裝用品公司的一家製衣廠，她只有心裡呼喊老天爺竟這樣決定了自己一輩子的職業，做夢也沒想到會在高中畢業四年之後，才被分發到縫衣工廠先做三年學徒！

說也奇怪，程喜玲進了工廠以後，反而覺得日子好過一些。或許那些想把她踩到腳底的人已經得逞之後，便歇了手，或許工廠裡的文化水準較低，遇到開會需要做發言紀錄、或做工廠生產報表時需要她幫忙，這種狀況就像高中時候一樣，重要場合都有她，但依上面的政策：不能重用，可以交付任務，但不能給予頭銜。

十六兩決定命運

命中註定了喜玲是雙胞胎中身體比較結實的一個，出生時結結實實比姐姐多出一磅重，由於扶育雙胞胎比較辛苦，雙親決定把比較健碩的喜玲先放在外祖父母家待一段時期，就緣於這十六兩的骨、血、肉，讓她在上海多待了三十四年！

一九四九年的上海，時局開始吃緊，當時住在揚州的祖父打算帶著長孫女和三孫女喜玲搭車前往上海和他們父母會合，然後搭船撤退到台灣，不料喜玲捨不得外祖母，哭啼不停，一來祖父年歲不小，加上兵荒馬亂，於是決定把喜玲留下，先帶姐姐去，外祖父母以為去台灣避個難，最多一兩年便回來團聚。

分手一年後，父母親在台灣替喜玲趕辦入境證，手續中獨缺照片，因為雙胞姐妹長得相似，就把雙玲的一張照片補上，不料祖父在上海辦手續時，出外搭公車摔壞了腿臥病半年，於是喜玲到台灣和父母團聚的事又擱了下來。喜玲七歲那年，外祖父母的健康狀況不佳，祖母把喜玲從揚州接來上海同住，一年後，兩老相繼去世。

祖母在上海定居的房子，原屬喜玲父母所有，位在租界之內，同住一個屋簷下還有四、五個堂、表弟妹，喜玲在家中排行老三，但在這群小蘿蔔頭面前確是名副其實的大姐，直到如今在美國和堂妹通電話時，仍被呼作「大姐」。

程家祖母所庇護下的孩子們一共來自四組家庭；他們的父母親分別遷徙新疆、天津、美國、和台灣。由此可一窺中國共產黨在大陸「解放」後的政治運動如下放等措舉對於傳統家庭結構所產生的負面影響。一九六九年程喜玲在工廠學藝三年期滿，次年和一位興趣相投的高中同學葉豐結婚，一年後喜獲麟兒，從這時候起到一九八三年移民美國為止，大致說來她過的日子要比先前那段，稍見平順。

緣於美術方面的天分，她所工作服裝廠的十個門市部的櫥窗，都由她來設計，最初十年的衣廠工作重點在縫製衣服，後八年，她幫助工廠領導製作生產報表，等四人幫倒臺後，被調到工廠的技術部門參與設計工作。

但在一九六七年，當毛澤東指示紅衛兵掀起文化革命的數年之間，她和祖母像千千萬萬的大陸同胞一樣，有如驚弓之鳥，不知什麼時候會有「造反小將」衝進屋來抄家，所幸這個惡夢始終沒有變成事實。程喜玲心裡盤算應該輪到自家頭上、而未發生的主要原因是：祖母平日吃齋唸佛，一向在街坊做善事，人緣極好。但七十七歲的祖母已經驚恐致疾，於一九六七年夏天因心臟病去世。

接到父母的信

一九七二年二月，尼克森造訪北京，喜玲和父母親也開始恢復通信，雖然打心底高興，但「苦日子過久了，使人麻木，」並不很激動，信上也不敢寫什麼，一則怕查，再則怕說多了惹禍，依舊還是小心翼翼地過日子。

一九八〇年前後，海外親友中的叔父、大姐及姐夫、小弟、弟媳和二姐、及姐夫陸續回到上海探親、雙胞姐姐也開始以手足關係，替她申請赴美移民的手續。一九八一年，孿生姐姐和姐夫自美來滬會面，那一日喜玲赴機場迎接，當她隔著玻璃窗看見正在入關的雙玲姐，彷彿是自己在照鏡子，心頭為之一震「這世界上竟有一個人和自己長得這麼像！」重逢之後，兩人細數、比較了幾樣過去生活腳步當中相似的起伏曲線。

心電感應與巧合

第一件，兩人都進小學較遲，一個在台因身體不好，一個因為從揚州遷往上海，都等到八歲才進小學的時候，經過一場學力測驗，姐妹倆都從二年級讀起，成績都讀得很好。

其次，兩人在十八歲那年都像吹氣球一樣地發了胖，姐姐雙玲在台灣，因考取成大離家到台南住校，住讀的伙食不及家中，就拚命吃白飯，於是胖了起來。

留在大陸的喜玲因一九六二到六四年間碰上天然災害，每月配給的油、肉減少，於是在猛吃飯和麵的情況下，也胖了起來。到了一九六七年，文化大革命啟動，由於街坊鬥爭、抄家的活動愈演愈烈，喜玲體重開始下降，此時雙玲正在美國攻讀博士學位，不但功課忙，情緒也緊張，兩人又隔著千山萬水一塊消瘦。

說來湊巧，兩人戴近視眼鏡的時候也在同時；姐妹倆十九歲那年，因雙玲在成大念的是理科，看書看得眼力受損，那時喜玲在大陸開始做針線活，因家中電燈不夠亮，於是也戴上眼鏡。

在子女和丈夫的眼中，雙胞姐妹不僅長得容貌相像，而且笑的聲音、坐的姿態和平常的小動作無一不像，就連和父母親通電話時，雙親也要她們先說清楚到底是雙玲、還是喜玲？

我們中國人喜歡用「花」來形容美麗的女子，程家的這對姐妹花於荳蔻年華的少女時代，分別在上海和台南的兩家照相館所拍的照片，不約而同地被陳列在櫥窗裡，作為招徠顧客的樣品照，這使得有心想找出二人共同點的朋友，又多了一項。在婚姻方面，兩人都嫁了比自己大一歲的同學，她們認為「興趣投合」比任何其他的條件都更為重要。

從興趣和嗜好方面觀察、兩人都喜歡數學，都立志做科學家，姐姐因讀書環境順利，能夠如願以償。兩人共同的另兩件嗜好是縫衣服和烹飪，不料縫衣服竟成了喜玲一生的職業，她來美後憑著往日在上海製衣廠所學，繼續在休士頓社區大學「服裝設計系」取得學位，畢業後加入一位知名的服裝設計家的公司擔任最高助理四年有餘，一九九四年春天，程喜玲受聘回到母校原系教授「設計衣服圖樣入門」的課程。

該系系主任凱金（Kay King）女士說，她打算下學期請喜玲再教「圖樣設計」第二門，系主任強調喜玲回校教課對於少數族裔的學生具有啟發作用。孿生妹妹來美十年的奮鬥和立業的腳程已經步入坦途，回頭看再看雙胞姐姐三十年前自台來美求學、就業的心路旅程。

和自己的角力戰

程雙玲在美國要打的一場仗，是一場和自己能力挑戰的角力，一九六三年夏天抵美的她，年方二十一歲，臨行父親對女兒攻取博士學位的叮嚀，以及自己想給弟弟做表率的願望，似乎是一般人都能理解，卻又無法體味的沉重壓力。

她的這段心聲使筆者想起有一回在電視上看到美國知名作家湯沃夫（Tom Wolfe）接

受訪問，分析他新書的主題時指出：生活在舊社會裡的人，其奮鬥對象是社會的惡勢力和陋俗，但在一個比較民主、自由的社會裡，人們的奮鬥對象是你自己，你必須向自己挑戰，他反問：「你認為和自己打的這場戰爭比較容易？」

雙玲說：家中五個手足之中，雙胞姐妹的個性最為接近，也最像父親——內向、用功、做事比較有恆心，大學時代的她只知道努力用功唸書，因此來美時申請到了一份全額的獎學金，雖然當時有位家叔離校不遠，但以初來時的語文能力，面對英文書、堂上的英語授課，後來的博士資格考試，念起來十分辛苦，幸好不負父母期望、五年之內取得「物理化學」的博士學位，於此期間也同時完成結婚、生子的兩件人生大事。

畢業後，程雙玲的專業道路一帆風順，起初她在萊斯大學（Rice University）從事博士後研究，接著她的夫婿張建平博士應聘至懷俄明大學執教，她也轉職該地聯邦能源部的實驗室工作，一九八九年她和夫婿遷往華府，程雙玲從能源部跳槽到交通部的公路局。

她認為美國的制度相當公平，即使天性不喜鑽營、不和人爭名位，一直埋頭苦幹的她，也於一九九一年獲得了交通部公路局的年度最佳論文獎，當局依例把得獎人及論文名稱刻嵌在聯邦建築物的牆壁之上，作為展示和獎勵。

本文原篇名「同氣連根各自榮」，「同氣連根」指的是孿生姐妹之間的心電感應，「各自榮」乃雙玲、喜玲皆得品嚐奮鬥的果實，最後造成二人共榮的客觀環境卻在他鄉，不禁令海外的炎黃子孫同聲一嘆！

（本文原刊載一九九四年十月九日《世界日報》週刊，今略刪補）

分別在海峽兩岸成長的程家雙胞姐妹：雙玲（右）、喜玲（左）。（照片來源：程家姐妹）

融合中西美食的餐館大亨魏明光

捐贈母校政大千萬美元

人生在世，離不開食衣住行四大件，其中尤以「食」為要，回顧東西方世界因自然地理環境殊異，而各自發展不同的烹調方式。想當然遠古也有一套美食，但絕對是由少數統治階級和富豪壟斷，早先因為絲綢和香料的需求，東西方互通有無，商賈和冒險家率先嚐到異地風味，恐怕這就是今朝「飲食」業逐漸全球化的啟程？

人的飲食方式從「生存現實」進入當代城市餐館林立，全球各個大城市裡麥唐勞、披薩及中華料理等……雜然並存，蔚為今人休閒生活的重要內涵，其間不免經歷綿長的歷史跋涉，只有等待客觀社會的中產階級成形、國家財富增加，才能出現餐飲業的廣大消費群。

本篇故事的主人翁魏明光先生於上世紀七十年代，隨著台灣留美學生的洪流，匯入全球化的移民潮，在打工籌措學費期間和飲食業結緣，觸發他對美食的愛好，自七十年代後期在美國費城接連經營六家風格不同的餐館，二〇一一年初被北美的中餐通訊雜誌（Chinesee Resturant News）評選為「全美百佳首選中餐廳」，二〇二三年退休之時，他以一生辛苦打拼積攢的千萬美元慨然捐贈國立政治大學新聞學院，回饋台灣。

事實上十餘年前當他獲獎不久，魏明光返台探親與同窗聚會，談及國內媒體的環境和素質己日漸江河日下，同窗之一是前政大校長及前教育部長鄭瑞城，大家討論結果魏明光開始陸續向台灣媒體觀察基金會捐贈，至今約台幣五百萬元，作為評鑑、監督媒體之用，他曾擔任該會的監事之職。

創造兩座高峰

魏明光的一生鑄造了兩個令人喝采的高峰！非一般常人所能望其項背；他自小勤勞，先以堅忍和智慧努力耕耘，克服諸般困難，成就鉅富。四十年後退休之時將其成果奉獻給母校政大，希望設立「新聞傳播講座」、「傑出新聞獎」等類似美國哥倫比亞大學普立茲新聞獎的規模，鼓勵媒體業界及後進者。

二〇二三年十一月他在臺北接受電視訪問「大雲時堂」之時，魏明光吐露：此一捐贈導源於當年求學的主修「新聞傳播」，就讀期間曾獲無數獎學金，得以不用擔憂學費，而順利完成學業，他說他是一個重情懷舊的人，因心存感激，效法先賢回饋社稷。魏明光始終認為如果記者堅守新聞素養和產業倫理，並且勇於創新、有助提升媒體素質、匡正社會風氣，得以建設更為美好的家國。

這位餐飲業大亨所衝刺的第二個高峰和義舉，無疑是一名全球化移民在新土落地生根之後，仍然心懷祖國、回饋原鄉所譜下的動人篇章。前一高峰以個人成功立業為卓著，第二高峰則期待自己的奉獻對台灣社會產生正能量的人文影響。

魏明光出生於一九四二年的台灣省新竹縣寶山鄉，屬於中華漢民族的客家人，溯本正源：祖先來自中土，他們自東晉以來為了躲避戰亂，數度南遷，遍佈海內外各地。根據台美史料中心（Taiwanese American Archives）網站的簡介：客家人在歷史上幾度遷徙，卻沒有失去中原文化的根，他們每到一處便能在客地建立家園，創新事業，對促進中外經濟和文化交流，產生不可估量的影響。你若想探索魏明光漂洋過海的奮鬥人生，無異這是一段精簡的開場白。

魏明光家中兄弟六人，排行老四，父親曾任職警界，母親帶領孩子在一片山坡地耕作維生，因家境清寒，自小就幫助母親做家事、照顧弟弟，七歲逾齡進小學，如此一路艱辛走來學行俱優。中學畢業他考取新竹師範，獲得教師資格之後，在臺北近郊的小學做了三年老師。

立志鑽研新聞

二〇二四年二月六日當他在費城接受筆者訪問時，回首當年轉換人生跑道的心情，他說：教書替國家培育新血，是有意義的百年樹人工作，但教育機構對推動社會應興應革之事比較緩慢，年輕的他決定再重回校園進修，參加大專聯考，攻讀「新聞傳播」，他一生都相信新聞媒體對社會現狀的報導和批評，能對國家的發展和前途有著比較快速的影響。

一九六五年魏明光以第一志願和第一名成績進入政大新聞系，不僅是同年新生的榜首，他的分數可以進人台大文、法、商學院的任何科系，當時政大新聞系主任王洪鈞老師特別約談嘉獎，在校四年不僅名列前茅，獲頒十餘個獎學金，使其無憂學費，因此也悄悄埋下回饋學校的種子。就讀期間他活躍於課外活動，先後擔任班長和系裡實習報紙的總編輯，加上「狀元」的光環，是一位校園風雲人物。畢業前因受姚朋老師的鼓勵和推薦，申請到美國知名的密蘇里大學新聞學院深造。

轉換人生跑道

一九七〇年，魏明光和大多大多數留美學生一樣懷抱「開闊視野，吸收新知和增進職業技能」的目標踏上新大陸，兩年後獲密蘇里的新聞碩士學位。此時他默默調整了原先立即返台投入媒體業的計畫，而前往華府一家律師事務所，擔任翻譯和法律助理的工作，此一轉折正符合年輕人想多看看外邊世界的豪情壯志。當年他工作的地點鄰近國務院的員工餐廳，魏明光經常跑去午餐，他感慨半甲子之前的美國社會（相對九一一之後）比較祥和自在，不像現在進入公共場所或重要的政府機構都必須經過安全檢查，相信那段冠蓋京華的閱歷，對他日後開拓視野和國際觀不無影響。

由於喜好美食，閒餘跑到華府負盛名的「皇后」中餐廳打工，眼看這處豪華餐館的排場，又不時看到季辛吉和尼克森前來光顧，於是觸發他開餐館的念頭，雖然並非初衷，然而這番跨足商界的收成，到他退休時，竟水到渠成，達成了回饋故鄉的宏願。

購明園試水溫

七零年代後期魏明光在費城天普大學（Temple University）任教的三哥魏武雄教授告知費城近郊的 Elkins Park 有一家中餐館出售，他自己也感覺時機成熟，正是開創事業的好機會，因此辭去律師事務所的工作，舉家遷往費城，買下他初試身手的第一家餐館，裝修之後取名「明園」（Ming Garden）。

魏明光形容「明園」是當年一般美國購物中心的典型中餐館，除了繼續前老闆所出售酸酸甜甜美國人喜歡的中國食物，他特別推出當時少見的幾道中國北方菜，譬如「木須肉」，這在當年的時空環境之下，不僅新奇而且可口，因而廣受歡迎。到了一九八四年，魏明光在費城東北部開張了「渝園」（Szechuan East），次年又開「天香館」（Mandarin Garden）。在此創業階段，他受到美國餐飲界日漸流行的「混搭融合」流派（Fusion cuisine）的衝擊，少用、甚至不用味素，少用油脂和醬油，而使用中外廚子皆愛採納的天然調味料。

「Fusion」的中文翻譯是「混搭」或「融合」之意，Fusion cuisine 興起於一九七〇年代，初創於奧地利裔的加州名廚帕克（Wolfgang Puck）之手，他結合經典的法國烹調技巧，融合加州和亞洲風味，使用新鮮果蔬，一併展示了加州豐饒的農業產品。這種混搭的形式有當年開始流行的「加州披薩」，是把魚和鳳梨等放入傳統義大利的 Pizza，再譬如日本的壽司也被摻進非傳統的乳酪和酪梨，成了混搭壽司（Fusion Sushi）。

混搭派之肇始

從帕克（Wolfgang Puck）的出生背景看，他十四歲在奧地利學習廚藝，後來進入知名的巴黎餐館工作，就其個人經歷而言：那時便肇始了兩種烹調文化的融合，後來移民美國，再從俄亥俄州西遷到美國新文化的實驗地——加州好萊塢做主廚，豁然引領風騷，開創新的飲食流派「Fusion cuisine」。

他先後結縭的三位妻子皆其事業夥伴，現任出身非洲衣索比亞名模，帕克先後受邀做過電視節目、撰寫報紙專欄，出版書籍，其私人擁有的公司能呼風喚雨，在歐美亞三洲大都市如新加坡等地紛紛設立餐館。派克的人生記錄可以說是融合地球村飲食文化的一個案例。他的方法是以歐式為主，混搭日本、泰國、中華料理，寓居東岸費城的魏明光則以中華料理為主，混搭歐美和日、泰等國的烹調……全球各地凡投入餐飲業的八方英豪，風起雲湧，各顯神通。

魏明光被費城媒體形容是「Asian Fusion Food」的餐館老闆，他從自身的經驗進一步解釋 Fusion Food，它類似地緣政治和地緣經濟，成就了全球地緣文化的一環，所謂中西合璧、中日合璧、中泰合璧、中印合璧，餐飲業者把它巧妙地串聯融合起來取長補短，從中創新發展，相得益彰。具體的說就是承襲中華飲食業血脈的味道和用料去聯姻法、日、意、韓、泰、墨等餐系中可餐的美味，再不斷地培養創造，是讓人駐足的一道新景觀。

陽明軒的傳奇

一九九〇年魏明光決定更上層樓，借款買下賓州珀瑪城（Bryn Mawr）一個充滿歷史印記的 Conestoga Inn，該鎮距離費城十英里，建於美國宣布獨立之前，十九世紀時曾是驛馬車前往中西部的起點，歷年來物換星移，曾掛牌做過酒店、郵局、商店和餐館。

一個半世紀之前，鐵路是美國新興的重要的交通工具，珀瑪城位於費城北面主幹線（Main Line）上的中間站，因位置重要，許多富裕人家擇居鐵路主幹道社區（main line communities）。美國宣布獨立後建都費城，在此通過獨立宣言，一七八七年各方代表在此舉行制憲會議，通過美國聯邦憲法，二〇一五年它被聯合國欽定為世界遺產都市，也是美國第一個獲得此項品評的大城。如果在商言商，歷史名城的富裕居民，可視為高檔餐館穩定的顧客來源，這是魏明光目光敏銳之處。但事實上要在美歐文化濃厚的區域以新興的「亞洲混搭」搶顧客，並非易事。

魏明光買下 Conestoga Inn 客棧，聘請建築師並且親自參與內部裝潢設計，一年之後採歐式優雅精緻路線的「陽明軒」隆重登場，當地媒體爭相報導。在餐館的軟體方面：他順應 Fusion cuisine 的時潮，挖盡心思創作新菜，將過去換料不換汁、把那些肉片混炒蔬菜的菜加以改良，並選購上好的新鮮食材，進一步將傳統的中菜和西方香料融合，發揮中西合璧的精髓。魏明光帶著幽默回覆記者的詢問：「如何創新菜色？」他說：清末愛國先賢鼓吹「中學為體，西學為用」，我就是使用這套公式開彊闢土「打回去」。聆聽其攻略市場的策略，不禁讓人讚嘆：在這片跨文化的戰場上，魏明光是位捷報頻傳的常勝軍！

攻城掠地祕方

「常勝將軍的致勝妙方為何？」魏明光表示：世事多變！萬物唯有一項規則就是「不斷改變」，對於餐館業而言，顧客喜歡嚐「新」，所以業者一定要時時有新點子，不僅是魯迅當年所說的「拿來主義」向西方學，新菜還要有傳統的中華基因，並調整餐廳座位和上菜的新形式，可望給顧客帶來「食」的新體驗，進一步打破西方人認為中餐就是購物中心裡便宜食堂的刻板印象。魏明光說：如果你想創作優良而又特殊的產品必須走在時代的前端！

他說一家好餐館必先講究食材，而食材的品質會受到地方性和季節性的左右，尤其近年來又時興「有機性」（Organic），所以他十分注重食材的採購，因為這是「混搭融合」流派的靈魂。

進一步談到新菜的研發和創作，老闆魏明光和大廚每每攜手合作，烹調之前很注重骨頭高湯的燉煮，經常是二十四小時以上，譬如有時加洋蔥是為增加湯的甘甜，多放芹菜助其香味。魏明光說他非常幸運在入行之初，能從台灣找來一位很好的大廚沈木陽，頭腦機敏，做事勤奮，是魏明光餐飲事業中一位重要的大師傅，筆者在德州華人社區從事撰稿工作逾半甲子，經常聽說中餐館的營業起落十之八九和大廚有著密切關係，十分想聽聽這位飄洋過海的中餐廚師說說做大廚的心得。

大師傅沈木陽

沈木陽一九四九年生，是台南白河鎮後壁鄉土溝村人，少年時就學了廚藝，北漂到行政院交通部的餐館（又稱招待所）做廚師，後經友人介紹知道僑居美國費城的魏先生正為自己開的中餐館找廚子，前此倆人未曾謀面，只透過信件聯繫，雖然曾有親友勸告在台工作穩定，何必要去冒這個險。沈木陽最後還是決定帶著一家五口搭韓航赴美，他記得是一九八〇年七月二十三日在費城近郊的明園餐廳開始上工，最後成為魏明光其他餐館的股東，前後做了三十三年。三個子女一一在美成家立業。問起退休後的生活，沈師傅說只有看淡人生，才會幸福，請教他的拿手菜？大廚自我調侃「目前最拿手的菜是水果餐，使用四季應時的果鮮蔬菜當美味。」

他認為自己十分幸運碰到魏先生，老闆人品好，組織能力強，做事用心，而且仔細，一心創新並且維持菜色品質的穩定，沈木陽認為這是他餐館成功的主要原因。請師傅比較國內外的工作經驗，沈師傅說在美做大廚辛苦多了，除了平日炒菜，若廚房缺人手，就必須自己上陣，又因為顧客點菜後出菜時間急迫，廚房難免由於工作壓力大而引發火氣。他說我這大廚除了炒菜、有時幫忙打雜，有時又兼作潤滑劑。

贏得多項榮譽

就在新世紀之初，「陽明軒」在美國中餐界所得的榮譽接踵而至；二〇一一年獲得同業評選為「全優名店」第一名，並在舊金山舉行頒獎典禮時當選十二位美國中餐業最具影響力的人物。同時接受福斯電視網 FOXC 和 CBS 網星期日晨間節目的專訪，稱讚陽明軒是全美最好的中餐館。二〇一〇年元月全球聞名的蘇世比拍賣公司（Sotheby's）邀請陽明軒的大師傅去其紐約總部的餐廳擔任客座大廚，展示中餐廚藝。同年魏明光帶領陽明軒的同仁接受美國名廚 James Beard 基金會之邀，兩次外燴紐約，皆座無虛席，這雷同中國武術擂臺比賽，一則宣揚中華文化，再則提升中餐館的形象，當時的中餐通訊（Chinese Restaurant News）主編稱道：魏明光不愧是美國中餐業者的楷模：「我們以你為榮，也為陽明軒感到驕傲」。

魏明光接受媒體採訪時指出：美國的中餐館大約有四萬五千多家，近年受到疫情影響，數目略有波動，從事這一行的人約在五十萬上下，是華裔在美投入最多的行業，他認為中餐業者應努提升產品的質量，加強華裔中餐館的軟硬實力。當接受中餐通訊訪問時，談論如何提升中餐館的形象，他歸納了幾點簡單易行的方法：強調只需勤勞，不需花大錢。

經營餐館要訣

第一、凡餐廳、廁所、廚房、以及工作人員的衣著永遠保持整潔。

第二、是培訓工作人員的工作流程與服務態度，接單上菜和結帳都要中規中矩，服務人員不可以貌取人，不論顧客是什麼族群、穿著或年齡，都一視同仁，微笑以對。

第三、其次現代人都很注重食品是否合乎健康的標準，所以餐館應減少油脂和含鹽量，以上幾點都簡單易行，屬於餐飲業的軟體部分。

第四、如果財力允許，進一步可以改進硬體設備，如裝潢設計，不論室內室外，都要佈置得美觀雅致，可以提高餐館檔次，他說顧客出外用餐目的即在享受，他們追求的不僅是精美可口的佳餚和周到體貼的服務，還包括賞心悅目的裝潢和舒適優雅的環境。

最後，中餐館若參與或舉辦一些慈善活動回饋社會，也是提升形象推廣中餐文化的有效途徑。他強調以上諸點都是這些年來身體力行的圭臬。

二〇二三年十一月十五日魏明光在臺北木柵政大宣佈贈款母校的盛事，立時成為轟動海內外華人社會的新聞，余忝為同校系友與有榮焉。今春二月，筆者前往費城參觀他剛出售的「陽春小館」（CIN CIN）和仍由其掌舵的「丹露軒」（Nectar），前者位在費城西北郊的 Chestnut Hill，臨街有一條石塊砌成的馬路，路邊遺有舊日電車軌道，充滿歷史趣味。餐廳牆壁上掛著他從中國購買的農民畫，烘托出淳厚活潑的氣氛。美國知名的高科公司康卡斯特（Comcast）老闆 Brian Roberts 家居附近，因喜歡 Cin Cin 的菜餚，除了全家堂吃之外，偶爾也開著私家車來拿取外賣，他曾邀請魏明光在康卡斯特總部辦公大樓開一家餐廳，但因地點和交通擁擠的考量而婉謝。

五彩大坐佛

就魏明光麾下擁有的餐館而言，「丹露軒」的硬體設備是他投資最鉅的扛鼎之作。二〇〇四年，魏明光邀請全球著名建築師 David Rockwell 設計樓高十九尺而看似博物館畫廊的「丹露軒」（Nectar）餐廳，正廳中央懸掛一幅色彩濃艷的大坐佛絲綢畫，這幅高十六尺、寬十五尺的巨畫用玻璃鑲嵌，兩面都能瀏覽全貌，頗具敦煌壁畫的炫麗，餐廳天花板吊掛的暗桔紅色筒狀燈飾，和玄黑色餐桌讓你踏進飯店立即感覺氣派不凡，別有洞天。據行家說它融合東方的「禪意」與西方的「前衛」於一爐，和盤中佳餚的混搭 Fusion 格式遙相呼應，讓顧客可以吃出不同的味道。詢及大坐佛的來歷和所投下的資金，「是來自西藏的藝術品，原件收藏於大英博物館，它的複製費加上裝置費一共是二十五萬美元。」

美酒和將軍旗

「丹露軒」之內另有兩件搶眼的硬體設備：一、樓上有一排放置酒的六尺高玻璃櫃，可自動調節溫度，櫃子裡的各式美酒琳瑯滿目。另一件是樓下廚房天花板掛著數幅寫著「丹露軒」毛筆字的旗幟，每幅大約兩乘四尺長寬，或鮮黃或桔紅色，看似古代戰場上大將軍率隊所掌的旗子，想來是為美化工作環境，或提高工作人員的士氣。

魏明光對於提高餐館工作人員士氣的方法是：努力凝聚工作團隊的參與感，並設法創建歸屬感，他說團隊是企業的心臟，團隊培訓和創建歸屬感的企業文化對提供卓越服務至關重要。快樂的員工和良好的服務讓顧客感到溫暖，可以把一頓飯變成美好的回憶，進而提高品牌的忠誠度。

團隊的領導和管理是如何入手？魏明光答道：我採取的並非傳統的家長式的領導，而是僕人式的領導，拿出多做多服務的奉獻精神（此一管理方法是由七零年代美國格林里夫 Robert K. Greenleaf 所提出），展現僕人替主人服務的意願和奉獻精神。他另一項企管策略是讓員工成為飯店的股東，一則增加對團隊的向心力，同時也是一個儲才庫，每到創辦新餐館時便有現成的人力資源可供選用。

一世代的記憶

採訪將近尾聲，筆者瀏覽魏明光所保存辦餐館的文宣資料，其中有一張已經稍稍泛黃的全頁剪報，是二〇二〇年「陽明軒」出售後，當地報紙所出版的一頁專刊，通欄的大標題是：「一個時代的終結（The End of Era）」，長篇文字報導的兩旁各刊出三張照片，一一顯示「陽明軒」歷年所舉辦的節慶、烹飪會和品酒活動的留影，以及赴會的媒體和政商人士（包括前州長）。這頁不花餐館老闆廣告費的專刊即是魏明光歷年來努力和社區聯結的一張成績單。

該文作者 Linda Stein 在第一段導言形容「陽明軒」是本地一個知名而又經常獲獎的餐館。文中接著有珀瑪城商會會長 Tim Rubin 發表談話：「陽明軒」因經營得法，受到顧客喜愛，再說餐館業是一個競爭十分激烈的行檔，它能在接近三十年的歲月裡，卓然獨樹一幟，真是很不容易的一件事。

另有當地第五區（Fifth ward Commissioner）區長 Moira Mulraney 表示三十年來「陽明軒」不僅提供美食，讓朋友和家庭聚會有個好去處，同時也開放給教育及地方社團，使得鄰里生活更為活潑而有趣。除了地方賢達和商界領袖，還有數位居民兼粉絲表達依依不捨之情，這份社區的媒體專刊反映魏明光在一個民主社會經營餐館所贏得的績效及其民意基礎，他善用文宣方法達到連結社區的目標，雖然魏明光沒有做過媒體的新聞記者，但的確深諳其理，而且加以靈活運用。

如何連結社區

去年十一月他在臺北接受新聞媒體訪問時曾表示：昔日在校所研讀的「新聞傳播」對於我日後經營餐館時如何聯繫社區和增加顧客的向心力，找到了一個著力之點；多年來我經常不定期發行新聞信，報導餐館所推出的新菜，或出外參加競賽而獲獎消息，發佈各種媒體給予「陽明軒」的佳評，和餐館舉辦的品酒會和烹飪課，及所舉辦的活動如：Tasty Talks, Books and Cooks, Wine Seminar, Wine Cheese Tasting 等，讓餐館成為人們愛去的場所，不僅是吃飯的地方，而且能擴大社交媒體的影響力，不僅吸引顧客，還讓他們為之著迷。

魏明光在接受費城的記者訪問時，非常直白地表示，「我因為喜歡美食，所以開了餐館，一直不斷地和大廚創作新菜，也感謝顧客和餐館的員工同裏共舉……」這番四十年經營的平舖直敘，包含了中國人謙沖為懷的美德，連結前述魏明光所締造的人生高峰，事實上就是他一步一腳印推動中華美食全球化的「第三高峰」。

今年二月六日在「丹露軒」筆者首次體驗了「混搭式美食」，依上菜秩序共有四道：前菜毛豆餃子和鮪魚兩式，主菜茶燻三文魚及柑橘拌龍蝦和最後的甜點。其中先登場的毛豆餃子外表似圓寶式餛飩，內裡的豆子經魏老闆解釋是日本豆子，因摻和蘑菇蘆筍和洋蔥及一種香草，十分可口，但吃不出豆子的原味，第二道前菜即鮪魚酪梨和黃瓜做的素喜捲，陳列白瓷盤上，像一幅袖珍的中國山水畫，主菜和西餐的烤魚相似，但以茶葉燻製的方法所以口感不同。

綜合感受：餐廳的硬體設備除了西藏大坐佛之外全然西式，但桌上的餐具如杯盤茶壺皆中華傳統的古色古香，和過去上中餐館的經驗相比，向來是圍繞圓桌大快朵頤，是為滿足口腹之慾而來，重頭戲是「吃」。但坐進「丹露軒」便不油然注意到環境優雅和食物細緻的視、味覺的雙重享受。或許這就是社會逐漸富裕之後，人們便喜歡上高檔館子的原因。

中華美食全球化

前邊提及魏明光締造人生兩座高峰之時，首座高峰是成功立業，乃澤潤本身和家人，日後退休捐贈政大千萬美元，是造福鄉裡的第二峰，而他在費城創業過程中如何改良中華美食，如何帶領團隊到紐約著名餐館展示廚藝，提高中餐館的形象，出入世界性的餐飲舞臺，則昂然進入「中華美食全球化」的領域。

華夏餐飲流傳至美國新大陸，從華人移民參加州淘金潮、修鐵路，迄今已有一百五十餘年的歷史，因為大江南北的流派多，像粵菜、北方菜、川菜、台菜、香港菜……的走馬燈及風水流轉也和客觀的政治局勢變化一脈相連。

自古以來，「吃」是人們切實的生活經驗，也是人類文化學的一個重要研究項目，觀察人們餐食的轉變，不同文化之間的適應和演化，無疑是鎔鑄人際關係的重要一環，尤其走進今日地球村混搭東西方美食的潮流和趨勢，魏明光的種種努力和興革，將存留飲食文化的篇章。

（原刊載二〇二四年六月《傳記文學》，後由中國時報及世界日報週刊轉載）

上　政治大學新聞系校友魏明光（右）捐贈1000萬美金，由校長李蔡彥（左）代表受贈。（照片來源：政治大學校長室祕書處）

下　2010年魏明光（前排左二）帶領他麾下廚師接受美國名廚James Beard基金會之邀，兩次外燴紐約，展示廚藝。（照片來源：魏明光）

探索趙小蘭所建樹的亞裔政治豐碑

人類的歷史顯示：萬物之靈天生便具有向外遷移、尋覓理想生活環境的本能，當下全球化的浪潮洶湧澎湃，移民潮已經成為地球村諸國的政治議題和世界經濟發展的一個重要支流，日本早在二十世紀八十年代就提出「利用國際人才資源」的新時代已經來臨，但為保證本國國民的就業和生活，地主國常對輸入移民的經濟實力和專長加以諸多限制，那些離鄉背井的遷移者，離開原來熟悉的生活環境，放棄已掙到的社會地位和工作，為了追求更好的遠景，必須付出額外的代價，從事另類的人生冒險，不言而喻各地非法移民在遷徙途中所遭遇的艱辛與磨難，大家從電視新聞畫面上皆有目共睹。

根據一位中國大陸社會學者黃潤龍在二〇〇三年所編寫的《海外移民和美籍華人》一書，言及華人移動趨勢當中的資料顯示：華裔移民在「經濟發達國家」的增長率要高於前往「經濟發展國家」的增長率，而匯流於中國近代移民史中的趙小蘭及趙氏家族乃源自以上統計數字的成員，他們如何克服逆境和艱苦的環境而走上康莊大道，而事業蒸蒸日上，終而成為華裔艷羨的模範家庭！

趙小蘭的父親趙錫成先生屬於華人移往「經濟發達國家」的典型成功人物，他和夫人朱木蘭在異國他鄉不僅克服一連串的挑戰，打造個人企業王國，創辦福茂航運公司，落籍全球第一大都會紐約市而躍登為世界航運鉅子，更令人嘆為觀止的是：他二人養育了六位優秀傑出的女兒，個個頭角崢嶸地進入美國政、學、商的領域，趙家女婿也赫赫有名，其中一位是臉書最早的創投家，一位是國會參院的共和黨領袖……

二〇〇一年，小布希就任美國第三十四屆總統，之後趙小蘭被提名為美國歷史上第二十四任勞工部長，她憑著自己的才華和實力出任美國兩百多年來華人移民中的第一位內閣部長，也圓了好幾代華裔移民希望踏入主流的「美國夢」，回顧趙小蘭的人生歷程：一九五三年在台灣出生，八歲那年隨父母遷移美國東岸的紐約市，四十年間從一句英文也不會說，以致登上內閣部長的榮耀，其間是什麼力量使她不斷地向前探索？奮力嘗試性質不同的工作，每每創造佳績，成就華人在美從政的特殊範例。

平日我們認識一位新朋友，不由然會說起所自己從事的行業。就趙小蘭而言，她的表白絕對多姿多采，本文結尾將簡要列出她的大事年表，然後再從諸項內涵的轉折點敘述她踏入美國政壇的契機和經歷：

「家庭教育」和「十年寒窗」

瀏覽趙小蘭的人生歷程，她從不識英文的八歲台灣移民、插班進入紐約的公立小學，待進入中學後的數年之間已練就優秀的語文能力而擔任校刊編輯。在她父親趙錫成先生《逆風無畏》的自傳中，有一段關於趙小蘭學習英文的描述：「插班三年級，一個英文單字也不會，學習非常困難，在課堂上，把老師教的抄到本子裡，等到爸爸深夜下班回家再把課程內容翻譯給她聽，有時筆記錯漏很多，父親耐心給她講解……」

這則故事刻劃了趙小蘭初到美國，勤奮吸收新語文和新知識的啟步，此一畫面的背後反應了中華文化愛家和重視教育的傳統蘊涵，要言之，她的成功是以中國文化的營養，而在美國（西方）社會的結構和運作之下所陶煉融會。一九七五年，趙小蘭獲曼荷蓮女子學院經濟學士，同年進入她父親所創辦的福茂海運公司工作，她曾表示；在福茂工作的兩年當中，跟父親所學最多，也是一生中最有價值和意義的兩年。一九七九年她進入紐約花旗銀行工作，一九八三年當選「白宮學者」，在白宮內政部實習貿易及運輸業務，八四年八月前往雷根布希競選總部工作，這些出類拔萃的工作經歷，也是她進入政界的實力憑藉。

趙小蘭在多次的公開演說中再三感念她的父母和家庭教育對她所造成的正能量；趙

錫成不僅耳提面命，而且身體力行，他從日常生活當中鍛鍊女兒們做家事，訓練她們遵守紀律。趙先生的傳記中提到他自小勤快，凡事喜歡自己動手，到成家撫育下一代的時候，也叫孩子跟著在屋裡幫忙，到處修修補補，早上起床時間到了，都要起身，星期六不上學，趙小蘭帶著妹妹整理院子，六姐妹一起拔草，剪草、洗碗等諸樣雜務皆公平分配，她回憶做家務事「可以訓練責任感，並且加強團隊合作的能力。」

後來趙家遷入更大的房子，趙先生替妻子請了管家，但女兒們還是得整理內務，凡事必須自己動手，他強調身體勞動的價值，培養她們勤奮自立的習慣。在趙家么女三歲那年，趙錫成要女兒們一起油漆房子，並且用柏油舖設一百二十尺的車道，六個女兒整整做了一個暑假，小蘭記得那年夏天穿著髒髒的工作服，朋友們開車經過都覺得很尷尬。「其實舖車道的事可以雇人來做」，但父親認為這是非常難得的經驗，當時三歲的么妹，做不了別的，每次負責拿水給姐姐們喝。

父親訓練女兒們沒有小姐習氣的另一方法是：家中宴賓客之時，他指導女兒端盤子、上茶、斟酒、添飯，並一旁侍立學習待客之道，後來女兒出外上大學，有時要她們坐飛機回來奉茶上菜，家宴結束後再坐飛機回校。做父親的一則希望訓練女兒進退有度，謙恭有禮，同時他認為從小見識多的人，會有開闊的眼界，看了趙錫成傳記的許多華人讀者都不禁感嘆：難怪趙家六千金個個出人頭地，原來是是經過如此這般的特殊教育！

注重生活教育也是趙家世代家傳的訓示；在《逆風無畏》的傳記裡，我們看到一九二七年出生於上海北郊嘉定區的趙錫成，祖父是一位中醫，除了醫術好，還頗具文才，書法、詩、畫、文章樣樣行，在趙錫成眼裡祖父是一個天才。善用生活中的最好時機啟發唯一的孫兒學習，四五歲時便教他認得上百的方塊字。趙錫成的父親以仁先生是鎮上的小學校長，感覺祖父對孫子過份寵愛，生怕把他慣壞，於是把孩子帶在身邊一塊住校，施行生活教育，督促他凡事自己動手動腦，學會照顧自己。這種強調凡事自己動手，培養下一代勤奮自立的習慣，後來也反映在趙錫成教育自己六千金的過程和方法。

「地靈人傑」與「上海因素」

趙錫成回憶：父親常帶我一起出去，大人們高談闊論，我在一旁似懂非懂，日久天長就積攢了一些見識。因此和同齡孩子相比，所見的世面比較多，顯得比較成熟穩重，而且每一年，父母都帶他到上海親戚家住幾天，讓他見識城裡的新鮮事物，以便開闊眼界，假期結束還給他買幾件玩具帶回家。二〇二一年十月三日交通大學海外校友會的一次網路的座談中，趙先生再一次提及「父母給我的影響，以及天上的父親和妻子木蘭對我的幫助」。

回溯一九三〇年代，上海已經發展成為一個繁華的現代化都市，它匯聚西方世界的各式建築、密集來自中國南北各地的移民人口、發展了複雜多樣的社會組織、更擁有魚米之鄉的長江腹地。據記載：當時美國上映的好萊塢影片可以在上海同步放映，其國際化的程度可見一斑。不難想像出生農村的趙錫成，能在他年幼啟蒙時期看到世界級的繁華都市種種景象，並且接受祖父和父親兩代知識分子的調教，這對於開拓他的知識與胸襟以至日後創業和教育下一代，必然發揮了極為深遠的影響。

事實上，位於中國海岸線中點的上海，因為得天獨厚的地理位置，它在中國近一百五十年「現代化運動」之中佔有十分重要的地位，從一八四三年清廷與英國簽定不平等條約五口通商，上海為其一，因被帝國殖民主義強迫打開中國門戶，上海一直扮演現代化的先鋒角色，是吸引新知，引進新事物和推動新思潮的中心，東方和西方在此相遇，順理成章成為中國走向西方和走向世界的視窗。

在這樣一個新舊交替、蘊涵豐富、奇特多變的大環境之下，自然形成所謂靈活多變的「海派文化」，回頭看上海及附近的居民又如何安身立命？根據香港中文大學前歷史系主任梁元生在《晚清上海》一書的分析：清末的上海有三種類型的知識分子及社會精英：官吏、紳商和文人，他稱這三種人為「雙視野」人，雙視指的是他們可以看見兩個不同的外在視界（Landscape）和心眼視國（Mindscape），他遊走兩個不同的世界之間觀察、選擇，感受兩種文化的張力，終而達到某種程度上的視野融合。

他們同時也是兩個世界的橋樑人物，早先立足的是保守派，反對西化，這個世界以上海的南市為中心，他們承襲老祖宗的傳統社會，代表的是舊視野。而抱持新視野者，大多以租界為據點，他們主張西化，十足地標新立異，經常聚集夷場（或稱洋場）。梁元生教授指出，生活在這兩個不同視野的居民，其衣著、生活方式、交通工具、市容街道完全不同，但二者相互川流往來，其經濟體系也息息相關。不過雙視野人只是目睹兩種世界，並非全通。後來的研究者只能推測雙視野人若能對兩個世界兩種文化有了真正的認識之後，以濃厚的責任感和理性的分析，給社會帶來真正的視野融合，推動傳統與現代的接軌。

筆者昔年求學時代做過一篇〈萬國公報與清末的西化運動〉的論文，曾涉獵數本關於中國現代化運動的書籍，討論過去百年來國人意欲現代化所面對的選擇，所謂「中學為體、西學為用」的平衡及協調確是煞費周章！為中華富國強兵之重要課題。而梁元生教授能把中國現代化過程非常具體而微地以「清末上海」的角度加以闡釋，實匠心獨具！

恰巧數月前我閱讀《逆風無畏》時發現趙錫成的生長過程正逢上海風雲際會，躍登世界通都大邑之列！他的父親和祖輩類屬梁元生教授所分析和歸納的「雙視野」人，他們親眼目睹兩個世界的接替和變化，盡力以傳統知識和新潮流教育下一代，這對趙錫成日後選擇求學的方向、立業、以至人生道路，必然發生劍及履及的影響，我們幾乎可以肯定「上海」的地理環境對趙錫成及其家族的興隆有著直接的關係。

「雙視野」人「綠蔭滿枝」

其間的因果關係亦有蛛絲馬跡可尋；例如前面所提到二〇二一年十月三日的交通大學海外校友會的一次網路座談，趙錫成發言時的開場白：「我們來自上海，聽到自己本土的上海話，想起當年唸書的時光……我相信教育可以改變人生，所以日後設置多樣的獎學金。」

中國自來有「地靈人傑」一說，從字面看是優秀地方，人物輩出，換言之，地理環境會形成好的人文氛圍，能潛移默化地促使當地人物優秀卓越。不言而喻趙錫成先生所融會的「上海」因素，子孫得以接力傳承，我們可以看見趙小蘭的成功因素之中，顯然包括了她父親早先在上海所吸取的海派營養，日後趙小蘭成為華裔移民美國兩百餘年來第一位閣員部長，並非偶然。

二〇〇一年十月，筆者在德州休士頓第一次見到趙小蘭，當時她以勞工部長的身分自華府南下為共和黨的市長候選人 Orlando Sanchez 站臺助陣，事先筆者閱報得知這位百年難得一遇的美國政壇華裔明星將蒞臨美南地區，即使不用坐飛機就可看到這位華裔移民史上的標誌性的人物，正是我從事 Freelance 記者一行翹首盼望的報導題材，就像滬劇《紅樓夢》的戲詞「天上掉下來一個林妹妹！」令人驚喜莫名。幾經電話探詢找到了趙部長舉行記者會的地點，雖然前去城區採訪的只有我一個亞裔，但見到幾位華人面孔，其中包括來自台灣社區的「亞洲化學公司」的楊姓創辦人，他除了在該選舉中作了政治捐助，顯然也如同我一般是被趙部長的盛名聲吸引而去，記者會結束後，順道請教他對趙部長的觀感如何，也好做為報導材料，沒料到答案是：「趙小蘭長得真漂亮」！或許因為會場人聲嘈雜，楊總裁有要公在身，急於離去，而吐露一句快人快語，不禁使人聯想到孔老夫子的千古名言：「未見好德如好色者」。

但是那次部長記者會短暫的接觸，卻給我留下深刻的印象，當時在會上我只問了一個問題，請她談談替這位西語裔市長候選人站臺的緣由，以及此行在休士頓的行程安排，全屬於例行式的話題，或許因為我是唯一的亞裔女記者，會後她的隨從祕書叫住我，要了聯絡的電話號碼及電郵地址，數日後收到勞工部的每月新聞信及來函，信尾並歡迎我到華府時前去造訪。這番對待媒體的禮數，令我這「不隸屬任何機構的自由業者」感到沒有被忽略，確是政府官員「勤政愛民」的具體表現。

十五年後，休士頓亞洲協會主辦「女性領袖」系列演講，趙小蘭受邀擔任主講人，理所當然前往聆聽，數年後，出席一次私人宴會第三度和她相遇，那時她已辭去川普內閣交通部長之職，站在媒體記者的立場，最想向她請教的問題是：在聯邦交通部長任內，您工作上最大的挑戰是什麼？（尤其又身為共和黨參院領袖麥康諾的妻子？）但是那一天筆者受邀參加盛會，非緣記者身分，因而顧慮到這樣的話題是否會把宴會的歡愉氣氛弄僵，故而打住沒問。

交待三次遠近觀察這位華裔政治人物的往事，回頭再看趙小蘭的職場履歷，自一九七九年她走出哈佛校園，拿到企管碩士便投入銀行、金融及其父親福茂公司等私人企業，到了八六年轉職聯邦運輸部進入政府部門，若從工作性質上著眼，真正帶來政治角色轉變的是：一九九一年由布希總統任命為和平工作團（Peace Corps）的主任，該團當時擁有七千名義工，活動地區散佈全球九十四國，是美國最大的義工團體，早在一九六一年由甘迺迪總統所創，至今已有六十年的歷史。

職場範圍擴及全球

一九九一年年底，細看趙小蘭在宣誓就職後所發表的演說，對於新職的時代背景，工作內容，以及她人生經歷和新工作的關聯都一一闡釋，首先她指出當年她從一個經濟正發展中的國家移民來美，因此對於和平團義工服務的地區和對象有一個預先的瞭解，她知道發展中國家人民對於自由和民主的嚮往，以及改善經濟生活的憧憬。她說如今有機會任職和平團的工作，藉以幫助世界各地的人民來改善他們的生活，對她個人來說別具深意。就新職的作業範圍而言，覆蓋全球，無異進入國與國非官方的外交領域。

趙小蘭上任之時恰逢蘇聯共產集團解體兩載，她在講辭中表示：職掌之初即陪同副總統前往哈德遜智庫（Hudson Institute）宣佈「和平團」的作業將進入東歐波羅的海諸國，並且也有幸銜命率領一個總統代表團前往保加利亞慶祝當地一所美國大學的開幕式，而這所大學的校舍即設址該國先前共產黨的總部，典禮儀式上趙小蘭和保加利亞總統並肩而立，聆聽樂隊演奏兩國的國歌。前此她曾到拉丁美洲的宏都拉斯視察當地的和平團義工如何協助當地人士。

趙小蘭在宣誓就職和平團所發表的演說中並且提出她的職責有三個重要的連結之點，她進一步解釋背後有三個家庭支持她，第一個家庭是父母親和手足，她說我的父親時常鼓勵我要超越自己，但不為爭取世間的物質和財富，而是服務社會。父親時常訓勉我們要對周邊社區和大社會服務、貢獻。她所謂的第二個家庭是和平團的工作同仁，第三個家庭是神的家庭（Family of God），由於神的恩典，使她擁有世間的美好事物，來日將帶領和平團面對工作上的諸種挑戰。

從這篇演講裡，我們可以讀出她引用中國儒家修齊治平的哲學，以家庭為重心，自個人由裡而外先做好修己的功夫，而後齊家，再擴及社會，而後朝向拯救天下蒼生，達到世界大同的境界。亦即知名學者李澤厚教授在他所著《中國思想史》所言：這是儒家「以農業為基礎的血緣氏族文化」，已行之兩千餘年。一九九二年七月趙小蘭受命為美總統特使，前往菲律賓祝賀新當選的羅慕斯就職大典。

就在同一年，新聞報導：美國規模最大的聯合慈善基金會（United Way）的總裁使用公款揮霍無度，基金會的董事會決定在六百人的繼任的人選中聘請趙小蘭出任艱鉅，她上任後先將自己的薪俸減半，設立一個紀律委員會，而後精簡預算，透明化基金會的財務作業，她更親自前往各地的聯合慈善基金會分支組織，一方面努力籌款，另一方面說明改革項目。此後她在聯合慈善基金會啟用的新措施，大抵成為美國非營利組織界所借鏡的作業範本。

樹立華裔移民豐碑

綜觀趙小蘭在和平工團和聯合慈善基金會大刀闊斧地獨當一面，得到社會人士的讚賞和肯定，一九九六年，她辭去 United Way 的總裁職，幫助夫婿麥康諾參議員在肯塔基州競選連任。上述兩項趙小蘭統領義工組織的行政技巧和危機處理，無疑推助她在九六年獲得哈佛大學傑出校友獎。

趙小蘭的領導才能逐漸得到美國朝野的肯定，爾後四年她應聘擔任傳統基金會研究員及該會亞太委員會主席，得以養精蓄銳，而在二〇〇一年被布希總統任命為第二十四屆勞工部長，樹立了華裔移民前進美國新大陸歷史上的一塊耀眼豐碑。

附錄：趙小蘭大事年表

一九六一至一九六六年　移民美國，進入紐約公立小學就讀。

一九六六至一九七一年　就讀長島一所高中，曾參加排球隊、編輯校刊和學校年鑑。

一九七二年　參加哥倫比亞大學暑期中文研究。

一九七五年　獲曼荷蓮女子學院經濟學士。

一九七五至一九七九年　進入紐約福茂海運公司工作，跟隨父親學習，自認是一生最有價值和意義的兩年。

一九七七至一九七九年　獲哈佛大學MBA企管碩士，專攻商業管理和財經，當選班長及班書記。

一九七八年　在賓州海灣石油公司實習，編印美國船業指南。

一九七九年　上半年在麻省理工學院以交換學生方式研究海洋運輸及後勤業務。

一九七九至一九八三年　進入紐約花旗銀行工作，負責國際行運融資工作及審核貸款。

一九八三至一九八四年　當選「白宮學者」，在白宮實習貿易及運輸業務。在八四年八月和十一月之間到雷根及布希競選總部 DC 東南區工作。

一九八四至一九八六年　八四年十一月始前往舊金山協助美國銀行籌組美國西海岸融資財團，擔任副總裁。

一九八六至一九八八年　出任聯邦運輸部海運署副署長，首位亞裔女性在聯邦政府中所擔任的要職。

一九八八至一九八九年　晉升為聯邦海事委員會主席，直接向總統及國會報告，掌管美國境內及國際來往於美國的船務。

一九八九至一九九一年　八九年四月升任聯邦運輸部副部長，輔助部長掌管全國公路、海上及海防業務。在任上先後處理泛美航空公司空難、艾克桑公司油輪漏油以及加州地震等重大災難。

一九九一至一九九二年　由布希總統任命為和平工作團主任，該團有七千名義工，散佈全球九十四國。

一九九二年　七月受命為美總統特使，前往菲律賓祝賀新總統羅慕斯就職大典。

一九九二至一九九六年　九二年十一月受聘為全美最大聯合慈善基金會總裁和執行長，前任總裁使用公款揮霍無度，使會譽蒙羞，趙小蘭從六百人中脫穎而出，承擔艱鉅，四年之間重建該會聲譽，獲得各界好評。

一九九六年　八月辭去基金會總裁，助夫婿麥康諾參議員在肯他基州競選連任。

一九九六至二〇〇一年　應邀擔任傳統基金會研究員及該會亞太委員會主席，經常到民間社團發表演說。

二〇〇一至二〇〇八年　榮膺美國聯邦第二十四任勞工部長，是美國有史以來第六位女部長，上任後延攬八位亞裔、兩位華僑祕書任職勞工部，鼓勵華人參政，次年宣佈莫天成為勞工部財務長。

二〇〇九至二〇一七年　擔任傳統基金會傑出研究員。

二〇一一年　在她卸任勞工部長三年之後獲前美總統威爾遜公眾服務獎（Woodrew Wilson Award），歷屆獲獎人士包括：美國及國際知名政經領袖和社會上對公眾服務鉅有貢獻的人物，如：星加坡李光耀、加拿大、印度、澳大利亞等卸任元首。

二〇一七至二〇二一年　川普總統任命為美聯邦交通部長，二〇二一年元月辭去部長職。

截至目前為止，趙小蘭在美國及全球其他各地一共獲得三十六個榮譽博士學位。

（本文前半部發表於二〇二三年三月美南新聞出版社所發行的《豪邁前進》一書，現今增兩頁半的趙小蘭大事年表，全文另有多處添補。）

2016年美國亞洲協會德州分會主辦「女性領袖」系列演講，趙小蘭為主講人之一。（石麗東攝）

後記：回顧我的寫作現場

二〇一一年的夏天暑熱熾烈，但美國電視新聞所播送的圖象卻一片蕭瑟，先是國會為了政府債台高築而濕夜思索對策，接著債信風暴延燒各國股市。另一件令人喪氣的新聞是自一九八一年開始作業的美國「太空梭」計畫也在二〇一一年七月下旬由亞特蘭斯號完成最後一次飛行，結束過去美國載人的太空梭繞行太空軌道的三十年傲人歷史，在在顯露一個超強大國漸趨衰落的疲憊。

華人之光

收視了這些新聞，心情隨之沈重起來；在過往的四分之一世紀，我曾參加十餘次在休士頓太空中心新聞簡報室舉行的（發射前的）記者會。自太空梭計畫執行以來，在八〇年代開始有四位華人血統的太空人參與，他們是台灣留學生王贛駿、來自中南美洲哥斯大黎加華裔科學家張福林及兩位美國出生的華裔科學家焦立中、盧傑。王贛駿一九八五年的升空任務我沒來得及趕上，但三位後來者一共出航十四次太空任務，每逢華裔太空人出航，我絕少錯過這種類似餐前開胃菜的記者會。另有一次值得記述的經驗是：丁肇中所領導的AMS計畫於一九九八年隨太空梭做物理實驗，因此見識到一位曾榮獲諾貝爾獎的科學家在記者會上所顯現的權威和霸氣。

美國是一個法治的民主國家，若有華裔太空人升空，即使我是「自由作家」，並非華文報紙的正規記者，只要有華文媒體一封因實際需要的信函，便十之八九可申請到採訪證，每次出席這樣的記者會，必須事先做好準備工作，不然即使聽得懂英文，也不知道科技專家說的是什麼，遑論採訪之後要絞盡腦汁寫新聞稿。

就事論事，太空梭記者會的準備工作不輕、事後整理出的稿件投到報館，雖然採用率達到百分之百，但所得甚微，並不合乎資本社會所謂的投資和回報率，為什麼仍然樂此不疲？

自由撰稿

那是八〇年代的後期，我們一家從洛杉磯搬回德州休士頓，定居東南郊的太空中心所在地明湖城。持家養育子女之餘，決定投入平面媒體的撰述工作，我之選擇這一行，並非在寫作方面有什麼天分，乃純粹愛好使然，同時也靠著在校主修新聞的一些基礎，但我並沒受僱於報館，並非每日出外作業，只有遇到華人社區的重大事件或活動才前往採訪，再加以記述，英文稱作自由撰稿 Freelance。或可美其名曰「自由業」，然而許多人揶揄自由撰稿者即失業作家（unemployed writer）的代稱。

在海外從事華文寫作的一個重要轉折是離開原居住地，來到一個新的文化現場，如果拿起筆來，寫什麼？在虛構與寫實之間，前者需要豐富的想像力和生花妙筆，都是我所欠缺，更重要的一層理由：我唸的是新聞系，時興的名詞是大眾傳播，來美後曾在英文「休士頓郵報」資料部工作十五寒暑，對於美國報紙的新聞作業能有機會做進一步的觀察。期間偶而也應採訪部之邀客串記者，採訪亞華裔跳船的水手，後來離開職場，全力做家務養育一雙兒女，最初三年在台北正中書局總經理黃肇珩的邀請及徐佳士老師的鼓勵之下，完成一本新聞報導方面的書籍。心想不能老是紙上談兵，也應該拿起兵刃到戰場取得一些實戰的經驗。

恰逢其時

誠然自八〇年代後期我所面對的客觀寫作現場，還包括時間上的有利因素，譬如任教休士頓大學物理系的朱經武教授，在高溫超導方面的突破發生於一九八七年，倘若換作今日，已是過去式。若推遲二十年到了二十一世紀的今天，那參與太空梭作業的四位華裔太空人皆紛紛離職他就，我如果沒有在半甲子之前啟步，則所記述美南地區的華裔精英的書頁必然減去大半。

根據個人所做的小統計：在過去四分之一個世紀，美南地區先後出現了幾位台北南港中研院的院士，其中包括：朱經武、郭位、伍焜玉、洪明奇等，前兩位曾被香港的科技大學和城市大學禮聘為校長，伍焜玉於二〇〇八年回台擔任國家公共衛生學院院長，洪明奇院士從事乳癌的研究，後出任德州大學安德森分子細胞腫瘤研究中心主任。足見休士頓地區人材輩出，乃藏龍臥虎之地。那個年代，正是這些華裔精英各自創造耀眼的科研成績之時，我有幸目睹、記錄了一件件豐美的成果。

再看寫作文化環境的本身；一般人談起美國的文化蘊藏，一在東海岸的新英倫地區，一在西向開發新大陸所衍生的好萊塢文化，若說到美國西南部的德州休士頓，腦海裡就會浮現油田或牛仔的畫面，我寫作時所面對的文化現場到底位在何方？就在德州休士頓附近方圓百里的華人社區、高等學府及科研實驗室和休士頓東南面濱海的航太總署的詹森太空載人中心。

地理因素

置身德州休士頓對於我的寫作的方向和內容發生決定性的影響，也規劃出人生行走的道路，譬如因此參與美南寫作協會的活動。當初投入「自由業」全憑一股喜好，後來體會到「非虛構性」的寫作重在觀察現實世界的人與事，從日積月累的採訪準備和事後書寫報導，逐漸增長見識，知道小我之小，和自己在大宇宙中的微不足道。使我愈發能夠冷靜地看這個世界，絕不一窩風跟在別人後面湊熱鬧，因為天外有天。

非虛構性的「記實報導」和其他寫作類型最顯著的不同之點：不能隨意發表自己的意見，或誇大你所使用的形容詞，一切的描寫必須合乎所發生的原形，但每人的預存立場不同，很難有一個客觀的準則。觀乎今日世界的變化一日千里，如要寫得合乎事實，所需使用的形容詞比早先更複雜和多元性。

在海外從事華文媒體寫作的先決條件是：離開母語社會，走進另一種語言文化，你不免使用原先的認知框架來衡量新事物，理解新環境，接著就出現了微妙的連環化學反應，當你參照新環境的種種，回頭審視原先的價值觀和社會規範，便會發現悠遊兩者之間，油然而生柳暗花明之感，或許這就是「行萬里路，讀萬卷書」的根由，也印證了論語「溫故而知新」的道理。

滾滾江河

多年前，就聽聞紐約聖若望大學「華僑史」的學者李又寧教授說：「美國在二十世紀後半葉的國勢登峰造極，主要靠的是科技，而美國科技鼎盛，華人的貢獻很大，美國史裡並無記載，我們應該多記一點。」沒想到經歷半甲子的筆耕，我也累積了數十篇華裔科學精英成功立業的故事。

我最初筆耕華人科研工作者，緣近水樓台，家住休士頓太空中心附近，因此先寫了四位華裔太空人、諾貝爾物理獎得主丁肇中、高溫超導專家朱經武……書寫這些人物，除盡力結合天時、地利的良機，還潛涵「歷史背景」的因素：我想用眼前的事實證明華夏之民的聰明智慧不輸西方人，自十九世紀清朝末年以來，中國的船堅炮利不如西方，屢次受到歐美列強侵逼，百年以來的「自強」和「現代化」運動，已著有成效，單以中國留美學生的歷史而言，他們出國後勤勞用功，在美國各行各業的重要性和地位逐漸上升，有些人回到國內擕回外邊優長的事物，並加以改善、求其精，充分發揮了橋樑的作用。回述這種循序漸進的變遷，我們似乎可以遙見台積電的誕生和成長。

二〇一五年尾，筆者經歷人生大變動，五年後決定聽從醫生建議：在二〇二一年夏季東遷華府近郊依親，自忖年近八旬，體氣日衰，終將告別「自由撰稿」業。未料休士頓美南新聞出版社次年籌劃一本有關趙小蘭生平的文集，邀約美國數位華文作家共襄盛舉，因昔日採訪她前往亞洲協會德州中心的演講，以及多年前她以聯邦勞工部長身份到休士頓為共和黨人競選站臺，故而參加撰述工作。越明年，一位政大新聞系校友魏明光，以一生辛苦經營六家餐館的積蓄、捐贈千萬美元給母校的新聞傳播學院，經系友推介之下，我前往費城實地採訪，做成八千字的長文，刊載於二〇二四年六月的台北《傳記文學》雜誌。

接連寫完這兩篇出生台灣的傑出華人在海外奮鬥有成的故事，令我再度回望近代史上留美學生潮和今下全球移民潮的洶湧澎湃……美國人常說新聞記者的工作是「說故事」（to tell a story），而半甲子以來，我所說的故事大多記述在美華人的勤奮、艱苦和成功果實，每個故事的核心含有中華文化的傳承，以至終極對美國的貢獻，其全貌也可以說是現今地球村的洋洋大觀！

環顧大千世界，不由然感念雙親養育之恩，和一九四九之後，中華民國在台灣給我完整的學校教育，以至今下八旬之年，尚有心彙集此書，寫下觸目所及的世事變遷和雲煙。

完稿於二〇二五年四月

左　政大新聞系是我一生筆耕的起點，一九九八年回國領取「海外華文創作獎」，與鼓勵我寫第一本書「當代新聞報導」的徐佳士老師和師母在新聞館前留影。

右　華裔太空人焦立中（Dr. Leroy Chiao）曾飛行三次太空梭任務，第四次是以「探險十號」（Expedition 10）領導（Commander）的身份，與同僚在國際太空站工作六個月。本書作者於千禧年十月和太空任務歸來的焦立中合影德州阿靈頓軍用機場。

作者簡歷及相關著作

石麗東生於大陸，長於台灣，政大新聞研究所碩士，於休士頓大學研習美國歷史、政治課程。曾任職中央通訊社編譯，中央日報海外特約撰述，美國休士頓郵報資料部。後擔任北美華文作家協會美南分會首任會長（一九九一至一九九三），海外華文女作家協會第十一屆會長（二〇一〇至二〇一二）。休士頓知名藝文組織 Inprint 諮議委員會委員。現居美東 D.C. 近郊。

著有：

《萬國公報與清末西化運動》（碩士論文），一九七〇年。
《當代新聞報導》，正中書局，一九九一年。
《愛跳舞的女文豪》（與王明心合著），三民書局，一九九九年。
《成功立業在美國》（上下兩冊，科學篇及人文篇），紐約天外出版社，二〇〇六年。
《誰與爭鋒？美國華人傑出人物》，商務印書館，二〇一三年。

《綠色沙漠》（與蔡適、黃奕瀠三人合集，星雲文學獎報導文學類合集），聯經出版，二〇一四年。

《在美華人雙創故事：科技卷》，南京大學出版社，二〇一八年。

主編：

《全球華文女作家散文選》，九歌出版社，二〇一〇年。

《全球華文女作家小傳及作品目錄》，秀威資訊，二〇一〇年。

《采玉華章：北美華文作家選集》（與趙淑敏合編），商務印書館，二〇一四年

所獲獎項：

一九九七年香港明報在紐約創刊徵文比賽，第二名。

一九九八年世界華文作家協會與中央日報合辦海外華文創作獎第二名。

二〇〇四年僑聯總會華文著述獎新聞報導類第一名。

二〇一四年全球星雲文學獎報導文學類第三名。

二〇一七年僑聯總會華文著述獎新聞報導類第一名。

國家圖書館出版品預行編目

滾滾江河弄潮人 / 石麗東著. -- 臺北市 : 致出版, 2025.05
面； 公分
ISBN 978-626-7666-03-6(平裝)

1.CST: 世界傳記

781　　114003488

滾滾江河弄潮人

作　　者／石麗東
出版策劃／致出版
製作銷售／秀威資訊科技股份有限公司
114 台北市內湖區瑞光路76巷69號2樓
電話：+886-2-2796-3638
傳真：+886-2-2796-1377
網路訂購／秀威書店：https://store.showwe.tw
博客來網路書店：https://www.books.com.tw
三民網路書店：https://www.m.sanmin.com.tw
讀冊生活：https://www.taaze.tw

出版日期／2025年5月　**定價**／450元
修訂二版／2025年8月

致 出 版　**向出版者致敬**